AF533880

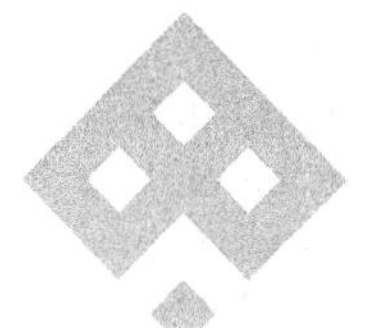

Anselm Kiefer, der mit seinen *Besetzungen* und *Heroischen Sinnbildern* in den 1970er Jahren auf provokante und kritische Weise versuchte, die Faszination aufzuarbeiten, die der Nationalsozialismus auf die Mehrheit der Deutschen ausgeübt hatte, leistet in seinem Werk eine besondere Verknüpfung von Ästhetik und Ethik. In dem späteren Werk *The Shape of Ancient Thought* findet er zu einer „Ruinenästhetik", die das Werk als etwas zeigt, das als solches unbeständig und vergänglich ist. Das Vorläufige dieser Kunst, ihr „Zeitkern" (Adorno), macht ihren Eigensinn aus und deklariert dadurch eine Autonomie, die nicht in einer ideologischen Positionierung aufgeht, sondern aus einem ästhetischen Übergang entsteht. Dadurch setzt sich das Kunstwerk immer auch mit sich selbst und seiner Rolle in der Geschichte auseinander.

Luca Viglialoro, geboren 1985, ist Professor für Ästhetik, Kunst- und Kulturtheorie an der Hochschule der bildenden Künste Essen.

KIEFER

PASSAGEN KUNST

Luca Viglialoro

# Kiefer

## Kunst als Prozess

Passagen Verlag

Deutsche Erstausgabe

Gedruckt mit Forschungsmitteln von der HBK Essen
und der HBK Freunde e.V.

HBK
ES
SEN

Die Deutsche Nationalbibliothek verzeichnet diese Publikation in der Deutschen Nationalbibliografie; detaillierte bibliografische Daten sind im Internet über http://dnb.dnb.de/abrufbar.


ISBN 978-3-7092-0587-7

Grafisches Konzept: Ecke Bonk
Satz: Passagen Verlag Ges. m. b. H., Wien
http://www.passagen.at
Druck: Ferdinand Berger & Söhne GmbH, 3580 Horn

# Inhalt

Die Kunst manifestiert die Individualität von Allem, und insbesondere des Menschen, der selten weiß, ein Individuum zu sein. Um ein Individuum zu definieren, muss man ihn in der Zeit und als Zeit definieren. Ist es aber Zeit, so ist es grundsätzlich Werden.[1]

*Andrea Emo*

# Notate zur Kunst als Prozess. Eine Einleitung

Wenn es so etwas wie eine Kunst gibt, die für uns Sinn macht, so kann sie nur die Form eines *work in progress* haben. Diese entsteht nicht allein dadurch, dass ein*e angebliche Autor*in sich bewusst dafür entscheidet, die Prozesshaftigkeit des Werkes einer, wenn auch impliziten, interpretativ-schöpferischen Offenheit - was immer das Adjektiv *offen* bedeuten mag - anzuvertrauen[2]. Der Prozesscharakter des Kunstwerks scheint sich vielmehr aus der Tatsache zu ergeben, dass Kunstwerke als individuelle Phänomene eine singuläre Rezeption veranlassen, aber gleichzeitig und auf einer tieferliegenden Ebene kraft ihrer immanenten Relationalität der grundlegenden Exposition und deren Kontingenz ausgeliefert sind. In dieser Hinsicht ist der englische Ausdruck *work in progress* etwas undifferenziert, weil er Prozess- und Fortschrittscharakter geradezu in eins fallenlässt und den Faktor Kontingenz durch den (ungewollten) Hinweis auf ein historistisches Paradigma unbewusst aufhebt. Die ideelle Geschichte der Verluste und Gewinne eines Kunstwerks entzieht sich substanziell dem Zugriff einer historisierenden Kunstbetrachtung, welche unter diesen Prämissen die schlichte Allegorie des Prozesses selbst sein kann. Kunst als Prozess ist daher die Konkretisierung[3] einer Kontingenz, die fortgesetzt mehrfache, multiple Spannungsverhältnisse produziert und in diesen um den Preis ihres möglichen Selbstverlusts verharrt.

In seiner *Ästhetischen Theorie* (1970, posthum) scheint Adorno über einen solchen Prozesscharakter des Kunstwerks zu reflektieren und definiert diesen dementsprechend als ein „Kraftfeld [von] Antagonismen“[4], das „ein jegliches Werk notwendig in sich hat“[5]:

> Der Prozeßcharakter der Kunstwerke ist nichts anderes als ihr Zeitkern. Wird ihnen Dauer zur Intention, derart, daß sie das vermeintlich Ephemere aus sich entfernen und sich durch reine, unanfällige Formen oder gar das ominöse Allgemeinmenschliche von sich aus verewigen, so verkürzen sie ihr Leben, betreiben Pseudomorphose an den Begriff, der, als konstanter Umfang wechselnder Erfüllungen, seiner Form nach eben jene zeitlose Statik ambitioniert, gegen die der Spannungscharakter des Kunstwerks sich wehrt. Die Kunstwerke, sterbliche menschliche Gebilde, vergehen offensichtlich um so rascher, je verbissener sie dem sich entgegenstemmen.[6]

Prozess ist nicht allein Zeit. Er ist die Prekarität (oder, wie gerade gelesen, die Sterblichkeit) seines Werdens. Die Geschichtlichkeit seiner Darbietung ist für Adorno formgebend. Eine Form, die Änderung und Variation enthält, (re)produziert und fortführt. Der „Zeitkern“ eines jeden Prozesscharakters von Kunstwerken ruht nicht auf seiner linearen Messbarkeit, als ob es sich um ein Segment einer Chronologie handele. Eine Morphologie von Kunst kann sich nur im Zeichen der

Vergänglichkeit ergeben, das heißt einer spezifischen Zeitlichkeit, die aus dem Zusammenspiel von Gegensätzen – wie etwa Gewinn und Verlust, Gestaltung und Konsumption – einen autonomen künstlerischen Sinnüberschuss entstehen lässt. Wie kann aber die Kunst die Autonomie im Medium des Prozesses begründen, ohne ihr Dasein an heteronome Konditionierungen zu binden?

Auf diese Frage gibt es möglicherweise keine endgültige Antwort. Anselm Kiefer gestaltet sie aber als einen belebten Antagonismus, dessen Unabschließbarkeit eine intrinsische Dynamik seiner Kunst ist. Jene des Prozesses ist hier in Bezug auf Kiefers Œuvre zweifelsohne eine Denkfigur, keine Wesensbestimmung. Die im Folgenden auszulotende Medienästhetik (hier als Philosophie, die in der Medialität von Kunst ihren exemplarisch-paradigmatischen Untersuchungsgegenstand erfährt und deshalb über eine Kunstphilosophie hinaus geht) verspricht sich aber, durch eine derartige Denkfigur und deren Anwendung für die Analyse einiger Momente von Kiefers Produktion die Erforschung von Formen künstlerischer Prozesshaftigkeit und deren (in Anlehnung an Adornos Denkanstoß) antagonistischen Charakter.

Dieser wird zunächst (Kapitel 1) durch eine Auseinandersetzung mit Kiefers *Besetzungen* erfolgen, welche durch ihre provokative und ironische Kraft die Frage aufwerfen, inwieweit der künstlerischen Geste eine Ambivalenz zugrunde liegt, die unser Urteilsvermögen immer wieder herausfordert. Die Figuren, welche in den Bildern und deren spezifischen Organisationsmodi den

Hitlergruß zu vollführen scheinen, sollten nicht primär einen Schock herbeiführen, sondern eine durch unterschiedliche Oppositionspaare (Heroisierung-Deheroisierung, Erlaubtes und Verbotenes zuallererst) gezeitigte reflexive Bewegung, wodurch Zwecke und expressive Wege der Kunst sich an ihre Grenzen herantasten. Ruft das Wort *Prozess* unter anderem ein judikatives Verfahren hervor, so können die *Besetzungen* des jungen Kiefers auch als Hinterfragungen und reflexive Vorgänge gelesen werden, welche die Möglichkeit einer (mit Blumenberg) „Umbesetzung" (vergleiche 1.2) durch künstlerische Nacherzeugung der Frage-Antwort-Struktur der Geschichte eruieren. Die Interaktion fotografischer und malerischer Gesten, durch die der Künstler sich exponiert, sowie die Resemantisierung des Formats Künstlerbuch, erlauben Kiefer, eine Meditation über die Medialität des künstlerischen Prozesses anzustellen.

Ausgehend von *The Shape of Ancient Thought* (Kapitel 2) wird der „Zeitkern" von Kiefers Arbeit an der Prozessualität des Mediums Kunst weiter analysiert und dokumentiert. In diesem Werk wird eine durch agonale Konfrontationen zwischen Produktion und Zerstörung, Opazität und Transparenz sich generierende Ruinenästhetik bildlich umrissen, die sich in weitere Werke, wie etwa *Für Andrea Emo*, ausstrahlt. Durch seine Ästhetik der Ruine scheint Kiefer ein Dispositiv zu kreieren, durch welches die Frage nach der Autonomie von Kunst gestellt wird. Eine Autonomie, die nicht in einer ideologischen Positionierung der Kunst unter einem bestimmten Sinnhorizont aufgeht.

Nur durch die unaufhaltsame Modifikation und Instabilität ihres Daseins kann Kunst (als Ruine, nicht als Trümmer oder Zerstörtes) *ihr* Ende erleben, ohne dass die menschliche Hand die einzige Protagonistin ihres Schicksals wäre. Kiefers Ruinenästhetik bedeutet aber auch für die Kunst, die (hauptsächlich logozentrische) Obsession der Vollständigkeit, zumindest vorübergehend, hinter sich zu lassen. Wenn der Sinn für die Kunst immer nur die Garantie eines unauthentischen Daseins in der Sphäre epistemischer Aneignungsmöglichkeiten sein kann, so ist die Ruine das eigenste Mittel, ihre lebendige Individualität im und als Werden zu artikulieren.

# 1. Exponierte Gesten. Zu Anselm Kiefers *Besetzungen* und *Heroischen Sinnbildern*

Im Folgenden möchte ich einige von Anselm Kiefers *Heroischen Sinnbildern* und dabei Segmente seiner unter anderem fotografisch dokumentierten künstlerischen Aktion *Besetzungen* mit dem Ziel analysieren, die Frage nach der ästhetisch-ethischen Verfasstheit künstlerischer Gesten zu stellen. Die Untersuchung bedient sich selektiv kultur-, kunst- und nicht zuletzt geschichtswissenschaftlicher Erkenntnisse, um eine philosophische Argumentation nachzuzeichnen.

Unter *künstlerischen Gesten*, dies sei vorausgeschickt, verstehe ich eine prozesshafte Interaktion zwischen dem schaffenden Körper der Künstler*innen und der Gestaltung von künstlerischen Medien, die als Moment der Selbstreflexion des Mediums selbst gilt.[7] Somit hat die künstlerische Geste weder allein mit Gebärden oder mimischen Ausdrücken, die in die visuellen Künste als Sujet Eingang finden, noch mit kommunikativen Körperbewegungen zu tun. Künstlerische Gesten setzen, und darauf werde ich im Rahmen meiner Argumentation zurückkommen, eine sinnliche Heuristik (ihre sinngeleitete Reflexion) in Gang, durch welche der Sinn von den Rezipient*innen fortwährend erfragt werden muss. Das Wort *Sinn* verweist an der Stelle sowohl auf die physische Verfasstheit des Wahrnehmungsgeschehens als auch auf dessen mehrfache semantische Auslegbarkeit auf dem Feld der Kunst. Konkret bedeutet dies, dass der Sinn sich sowohl für die Produzent*innen als auch für die Rezipient*innen als Verhandlung und Modellierung von Perzeptionen und Bedeutungskonstrukten darbietet. Der Sinn von Gesten ist also eine vom Medium aufgeworfene Frage, die unbeantwortet bleibt und eine Ambivalenz bestehen lässt. Genau dieser Aspekt macht auch die Reflexivität der künstlerischen Geste von Kiefer aus, die dadurch eine Praxis der Exposition[8] des Werkes als Sinnlich-Sinnhaftes umkreist: Das Werk manifestiert seine Doppelbödigkeit und zugleich unauflösliche Kontingenz, indem es Sinnfragen proliferieren lässt und zugleich spürbar macht. Eine derartige Funktionsweise der Geste besitzt überdies eine ästhetisch-ethische Dimension, die im Folgenden erkundet wird.

Kiefers Bilder aus den *Besetzungen* und *Heroischen Sinnbildern* bringen, so die These, eine besondere Verknüpfung von Ästhetik und Ethik zum Ausdruck, indem sie eine mediale Dialektik zwischen Exposition und Archivierung produzieren (vergleiche Kapitel 1.3). Um eine solche komplexe Dialektik adäquat auszuloten, wird in einem ersten Schritt die Szenerie der *Besetzungen* sowie ihre besondere *Arbeit am Mythos* beschrieben (Kapitel 1.1 und 1.2). Daraufhin werden im Kapitel 1.3 die mehrfach kodierten Gesten der *Besetzungen* und der *Heroischen Sinnbilder* analysiert, um die produktive Ambivalenz von Kiefers künstlerischer Operation zum Ausdruck zu bringen.

### *1.1* Besetzungen *zwischen Ironie und Provokation*

Als Anselm Kiefer seine *Besetzungen* konzipiert und inszeniert, scheint er die Geschichte, die Erinnerung und nicht zuletzt die Sensibilität eines gesamten Volkes, des deutschen, hinterfragen und künstlerisch provozieren zu wollen. Seine *Besetzungen* generieren außerdem einen Kurzschluss mit der Geschichte und dem kollektiven Gedächtnis. Zu sehen ist nämlich in den Bildern die Figur des Künstlers, der mit der Haltung und der Kleidung (vor allem hohe Stiefel und Soldatenmantel) eines sich inszenierenden Soldaten der deutschen Wehrmacht die „unheilvolle Geste“[9], den Hitlergruß, vollführt (Abbildung 1). Um auf die zahlreichen Implikationen, welche eine derartige Organisation des Bildraumes mit sich bringt, etwas systematischer eingehen zu können, benötigen wir einige Informationen zu Kiefers Bildserie, durch die der Untersuchungsgegenstand klarer umrissen wird.

Die *Besetzungen* sind die fotografische Dokumentation einer Performance, die Kiefer als Abschlussarbeit an der Staatlichen Kunstakademie in Karlsruhe 1969 präsentierte.[10] Nach einer eigenartigen *Grand Tour* zwischen Rhein, Italien, Frankreich und der Schweiz lässt sich Kiefer zwischen Sommer und Herbst 1969 an geschichtsträchtigen europäischen Orten (wie etwa dem Kolosseum) in der besagten Pose und in weiteren das Mimikrepertoire von NS-Soldaten anmutenden Haltungen fotografieren.[11]

Die Orte, in denen die Präsenz von Kiefer dokumentiert zu werden scheint, werden *besetzt*. In der Wahl des Verbs *besetzen* steckt mehr als eine Anspielung auf ein politisches Statement oder auf eine militärische Aktion, die künstlerisch simuliert und dadurch unweigerlich auch fiktionalisiert wird. *Besetzen* könnte auch ironisch den touristischen Feldzug des jungen Kiefers bezeichnen, der durch die Länder der *Grand Tour* Spuren seiner Anwesenheit verstreut. Nicht zuletzt kann aber das Verb auch eine komplexe Werkmetapher darstellen, die eine selbstreflexive Dynamik suggeriert: Die Aktion (sowohl die Performance als auch und gleichzeitig die Dokumentation) *besetzt* künstlerisch und semantisiert somit aufs Neue eine symbolisch bereits *besetzte* Praxis, das ist jene des Hitlergrußes, die im kollektiven Gedächtnis für die unerhörte „Barbarei“[12] und den Missbrauch kommunikativer Körperlichkeit steht. Kiefers Aktion wäre in diesem Zusammenhang eine erneute äußerst provokative Besetzung, welche die Kommunikation zwischen Produzent*in und Rezipient*in des Kunstwerks wieder frei zirkulieren lässt (‚Handelt es sich wirklich um den Hitlergruß?‘) oder weiterhin unterdrückt, indem sie jede Identität und künstlerische Sinnhaftigkeit auf eine einzige Botschaft reduziert: das „Heil Hitler“ bzw. „Sieg Heil“. In dieser sinnstiftenden Ambivalenz, welche die Reflexion katalysiert, scheint die Chiffre von Kiefers Arbeit zu liegen.

In der möglichen künstlerischen Überlappung von Bedeutungsdimensionen und der damit einhergehenden sinnstiftenden Deformierung der grüßenden NS-Geste versteckt sich eine komplexe, selbstredend nicht unproblematische künstlerische Operation, im Rahmen derer der Hitlergruß zum Dispositiv von Reflexion und Auseinandersetzung mit der Vergangenheit, aber vor allem mit deren Narrativen und Mythen, wird - auf Kiefers Bearbeitung des Mythischen kommen wir gleich zu sprechen. Ein Beispiel: Es ist nämlich bekannt, dass der Hitlergruß eine Praxis darstellte, die eine Wiederaufnahme des angeblichen „saluto romano“ intendierte, welchen die Faschisten durch einen versuchten[13] Anschluss an die Umgangsformen des Römischen Reichs zu einem Symbol von Herrschaftsanspruch machten. Genau eine solche Provenienz machte den Hitlergruß insofern „nicht unumstritten“[14], als er sich nicht als eine „genuin germanische Grußpraxis“[15] ausweisen konnte. Nun schafft es Kiefer indirekt, eine solche Nicht-Authentizität des Hitlergrußes dermaßen zu verschärfen, dass sie gar in eine „lächerliche Stellung“[16] umschlägt, die durch die Kunst den vielleicht höchsten Grad an Realitätsferne erlangt. Der Hitlergruß erlebt damit eine Sinnentleerung, wodurch das Potenzial der Kunst, neue expressive Wege dort zu erschaffen, wo Sinn nicht gedeihen kann oder darf, zum Ausdruck kommt.

Besetzungen bestehen allerdings auch oft allgemein aus offenkundigen, transgressiven und deshalb nicht wegzudenkenden Provokationen.[17]

Gemäß § 86a Abs. 2 Satz 1 StGB ist der Hitlergruß in Deutschland strafbar. Vor diesem Hintergrund muss man bedenken, dass Kiefers Aktion von der Zivilgesellschaft und den Behörden nicht unbeachtet bleiben konnte - vor allem in Karlsruhe, dem Ort des Bundesgerichthofs[18]. Das provokative Potential liegt an der Stelle vornehmlich in der tendenziellen (da über das mediale Filter der Kunst laufenden) Brechung eines Verbots, die jederzeit in ein bildlich gesetzwidriges Dazwischen umkippen zu drohen scheint, durch welches die Kunst die Aktualität zu entschärfen beitragen könnte, indem sie ihr ein neutralisierendes Filter verleiht. Eine solche Lesart räumt jedoch der Kunst allein die Fähigkeit ein, Diskurse in einen derealisierten Raum zu überführen, der kontrafaktisch arbeitet. Über eine solche Lesart wollen wir im Folgenden hinaus gehen.

Es geht bei Kiefers Kunst gar nicht um eine Verharmlosung des Grausamen (der NS-Zeit in allen ihrer Ausprägungen) oder um eine Transformation, gar Umkehrung des Unmoralischen ins Moralische. Die *Besetzungen* hinterfragen Möglichkeiten und Grenzen von Kunst und Erfahrungswirklichkeit auf dem Feld der Geschichte, die als laufender Prozess die allererste Form von *Besetzung* darstellt: Die sich auslotende Gegenwart antwortet durch unterschiedliche Aussagen auf Fragen der Vergangenheit und vollzieht damit eine, mit Blumenbergs Worten, „Umbesetzung“[19], die sich bei Kiefer künstlerisch in Form einer Überlappung von Referenzen und expressiv-medialen Strategien (auf die wir im Kapitel 1.2 ausführlicher eingehen werden) kundgibt – zu Blumenbergs Begriff „Umbesetzung“ in Bezug auf Kiefers Werk vergleiche ausführlicher das nachfolgende Kapitel.

Kommen wir aber an der Stelle auf die Beschreibung von *Besetzungen* zurück, um in einem weiteren Schritt die künstlerische Strategie von Überlappung gestisch-medialer Praktiken fortan zu erläutern.

Unvermeidlich sorgen die Veröffentlichung der Fotoserie 1975 in der Zeitschrift *interfunktionen* sowie die späteren Ausstellungen für Polemiken und Distanzierungen. Der Verdacht auf Faschismus lässt sich von der auktorialen künstlerischen Geste nicht trennen und erhält an bestimmten Stellen gar (nach Cordula Meier) „pathologische Züge“[20], womit nicht allein eine die Komplexität der künstlerischen Operation Kiefers verkennende Haltung vonseiten der Kunstkritik gemeint ist, sondern auch ein Angriff auf die angeblichen Intentionen des Autors bei der Ins-Werk-Setzung. Kiefer versucht jedoch eine solche Ansicht sofort zu widerlegen, indem er in Interviews und Stellungnahmen mehrfach betont, dass es ihm darum geht, über den Faschismus (als Ideologie und deren kulturelle Manifestationen) nachzudenken.[21] Eine solche allgemeine Reflexivität, die auf den ersten Blick auf kein bestimmtes Objekt zu zielen scheint, könnte natürlich auch als Zeichen von moralischer Ambivalenz[22] oder als Versuch ausgelegt werden, die kritische Distanz zum Vergangenen aufzuheben und eine simplifizierende Geschichtsauffassung zu vertreten.[23] Diese Annahme wäre aber nur kraft einer flach psychologistischen Interpretationsweise möglich. Man sollte außerdem diesbezüglich einige Informationen zur Entstehung des Werkes nicht vergessen, welche sich einer derartigen vorschnellen Auslegung sperren: Die *Besetzungen* wurden als Abschlussarbeit von Maler und Professor an der Karlsruher Akademie Rainer Küchenmeister, der selbst im KZ gewesen war, im Senat der Akademie verteidigt.[24] Auch wenn diese Angelegenheit nichts über die möglichen und/oder tatsächlichen Absichten oder über die angeblichen ideologischen Beweggründe, die das Dasein des Werkes ausmachen, aussagen, so kann sie doch zumindest dazu dienen oder dabei helfen, den Fokus der Kritik auf das Bild zu verlagern, anstatt auf die vermeintliche psychische Welt des Autors. Es gibt, mit anderen Worten, in diesen Bildern produktive Elemente und dabei interpretative Spielräume, deren Analyse oder schlichtweg simple Wahrnehmung erlaubt, die Ebene ideologischer Lesarten in etwas anderes zu konvertieren, das offenbar aus kunstkritischer und philosophischer Sicht eine zu erforschende Mehrschichtigkeit aufweist. Elemente einer möglichen ideologischen Betrachtungsart können daher in (medien-)philosophische Sinnzusammenhänge geraten und dadurch auch anders ausgedeutet werden.

Die Tatsache, dass einige der *Besetzungen* den Titel *Heroische Sinnbilder* tragen, signalisiert unmittelbar die Emergenz eines anderen reflexiven Kerns in den Bildern Kiefers, der die Aufmerksamkeit herausfordert: die Heroisierung oder, wie ich demnächst zeigen möchte, die damit einhergehende Deheroisierung. Das Heroische bzw. die Deheroisierung umkreisen, wie wir sehen werden, eine Ambivalenz, welche die Sinnpluralität und produktive Instabilität von Kiefers künstlerischer Geste des Hitlergrußes charakterisiert. Diese wird im Kapitel 1.3 auf zwei sich wechselseitig bedingende, mögliche kunstmediale Strategien zurückgeführt. Davor sind aber einige Überlegungen zu Kiefers künstlerischer Mythos-Bearbeitung vonnöten.

## *1.2 Prolegomena zum Mythos in Kiefers* Heroischen Sinnbildern

Zunächst einige Informationen. *Heroische Sinnbilder* dokumentieren zum Teil fotografisch und malerisch Kiefers *Besetzungen* und verwenden darum teilweise die gleichen Aufnahmen. Das Kunstprojekt entsteht also auch in den Jahren, in denen sich der junge Kiefer mit seiner Kunst an der Kunstakademie in Karlsruhe der Öffentlichkeit stellt. In diesen Bildern, wie in den bereits beschriebenen weiteren Dokumenten aus den *Besetzungen*, erscheint die sich als Wehrmachtssoldat inszenierende und den Hitlergruß vollziehende Figur von Kiefer. Die dargestellte Geste des Grußes wird mit unterschiedlichen Figuren der deutschen Kultur in Beziehung gesetzt, die vor allem in der NS-Zeit als ideologische Vorwände ausgenutzt wurden oder mit der NS-Ideologie in irgendeiner Form tatsächlich verwickelt waren. In der Abbildung 2 erscheinen einige Namen solcher Vorwände wie etwa Wagner und vor allem Caspar David Friedrich, auf dessen bekanntes Werk *Der Wanderer über dem Nebelmeer* (Abbildung 3) die Abbildung 4 Bezug nimmt. Auf ihre Heroisierung in der NS-Zeit spielt der Titel von Kiefers Werk an: *Heroische Sinnbilder*. „Heroisch" ist aber nicht die Bezeichnung einer wie auch immer medialisierten Heldentat oder die Heldentat qua Kunstwerk,[25] sondern das „Sinnbild"[26] einer versuchten, aber von vornherein als und vor allem durch künstlerische Imitation zum Scheitern verurteilten *imitatio heroica*[27], welche reflexiv zur Sprache kommt und im Titel auf ironische Art festgehalten wird. Es handelt sich, mit anderen Worten, um eine radikale Infragestellung und Ablehnung des Heroischen, präziser: um eine Deheroisierung[28], welche die Kunst mit dekonstruktivem Gestus aufzeigt und dabei, eine eigene Ethik vertretend, herbeiführt. Die Abbildung 4 kann als Beispiel für eine derartige Deheroisierung fungieren: Die dargestellte Figur - welche durch den Hitlergruß einen Machtanspruch gegenüber der Natur zu erheben scheint – parodiert und pervertiert Caspar David Friedrichs *Wanderer*, indem sie nicht länger als Mittel für die Überwindung der Vergänglichkeit und Kontingenz des Individuums fungiert,[29] sondern als angebliches Zeugnis einer nunmehr visuell darstellbaren und somit künstlerisch zu zelebrierenden Allmacht über die Natur. Eine solche Allmacht, die auf künstlerischer Ebene bei Kiefer durch die Koexistenz transmedialer Referenzen zustande kommt, verballhornt aber durch ihre parodische Stellung jede (Selbst-)Zelebrierung und lässt sich eher ironisch mit Werner Spies als Ausdruck lesen, „dem Hitlergruß die Zunge herauszustrecken“[30]. In Kiefers Bild wird also eine Allmacht inszeniert, deren ironisch-parodische Effekte auf die Zuschauenden wiederum eine Ohnmacht, und zwar jene etlicher Machtansprüche sowie des Hitlergrußes auf dem Feld der Kunst, spürbar macht. Die Ironie resultiert an der Stelle aber nicht bloß aus einer mehrfachen medialen Überschneidung von Werken und deren unterschiedlichen Sujets mit der Darstellung der künstlerische Bedeutsamkeit kassierenden Geste des Hitlergrußes. Das Bild generiert eine geradezu gestische Erzählung, die sich in der Gegenwart als Irritation und Provokation kundtut und simultan auf eine Dekonstruktion jeder erdenklichen antiquarischen Geschichtsauffassung durch eine Reflexionsarbeit abzielt. Axel Hecht spricht diesbezüglich von der Begründung einer neuen „Historien-Malerei“[31] vonseiten Kiefers, womit selbstredend nicht eine (nach Alberti) den rhetorischen Prinzipien des *delectare* (Erfreuen) und *movere* (Bewegen) unterworfene Kompositionsart gemeint ist.[32] Vielmehr handelt es sich um ein Historien-Bild, das sich inter- und transmedial der Register des Sensoriums bedient, um Reflexivität in Gang zu setzen: eine Art personalisiertes *movere*, das seinen Grund ästhetisch in der Vieldeutigkeit des Werkes und der damit erwirkten Motilität und Unruhe des Sinns findet.

Durch die sich von möglichen ideologischen Ambiguitäten reflexiv verabschiedende Organisation des Bildes ergibt sich aber auch eine mindestens zweifache „Arbeit am Mythos“[33], die mit keinem ironischen Gestus verglichen werden kann und eine narrative Struktur hervorbringt. Die *Heroischen Sinnbilder* können nämlich einerseits als „code du second ordre“[34] aufgefasst werden, und zwar als Überlagerungen von Sinnschichten und somit inter- und transmedialen Referenzen, die ein immer wieder aufs Neue zu entwirrendes Beziehungsbündel konstituieren; andererseits macht eine derartige multiple mythische Kodifikation eine Vakanz von Antworten auf offene Fragen und Probleme der Vergangenheit sichtbar, die sich, um auf einen brennenden Kern von Kiefers Aktionen zurückzukommen, nicht *besetzen* lässt. Die erste aller solchen Fragen ist vielleicht für Kiefer jene nach dem Sinn einer derartigen Katastrophe der Geschichte, wie der Nationalsozialismus eine war: Wie konnte es möglich sein? Wenn es (mit Blumenberg) stimmt, dass „Vakant werdende Stellen [...] wieder besetzt werden [müssen]“[35], so kann (weiterhin Blumenbergs Reflexion folgend) vermutet werden, dass die Besetzung einen an sich unauflöslich prekären Status besitzt, sodass die Antworten auf die Fragen einer bestimmten Epoche einem endlosen Verschiebungsprozess ausgeliefert sind, wodurch sich die Fragen selbst immer wieder neu definieren müssen. Besetzung und Vakanz bilden also auf geschichtlicher Ebene die rekursive Frage-Antwort-Struktur der Geschichte, deren erneuter Definition sich Kiefers Kunst verantwortet durch das Aufeinanderprallen und Koinzidieren in ein und derselben Darstellung sinnstiftender, anspielungsreicher Malgesten und des sinnkassierenden Hitlergrußes. Dadurch scheint in Kiefers Kunst das Moment der geschichtlichen Antwort zu fehlen, die aber nur im Gewand einer neuen Vakanz modelliert bzw. besetzt werden kann.

Die Vakanz-Besetzung-Alternanz wird aus kunsthistorischer Sicht umso sinnfälliger, wenn man bedenkt, dass beispielsweise Markus Lüpertz' Arbeiten zum *Westwall*, welche eine wichtige künstlerische Verarbeitung der NS-Zeit von den ersten Nachkriegsgenerationen darstellen, 1968–1969 realisiert worden sind, weshalb man auch gar von einer werküberschreitenden Sinnverschiebung sprechen kann. Der Sinn als Garantie von Sinnhaftigkeit ist also nicht gegeben und bietet sich als eine differierende Erzählung dar, die Sinn dort erstellen möchte, wo dieser keine Fundierung beanspruchen kann – mit anderen Worten: wo also kein Sinn und keine Erzählung möglich sind. Das ist vielleicht einer der markantesten Züge von Kiefers künstlerischem Umgang mit den NS-Mythen in *Heroische Sinnbilder*: Diese werden nämlich nicht mehr als ideologische Bestandteile einer sinnhaften Verkettung geschichtlicher Ereignisse konzipiert, wie Lacoue-Labarthe und Nancy (in Anlehnung an Hannah Arendt) in *Le Mythe Nazi* theoretisiert haben,[36] sondern als ein weiter zu dekonstruierender Sinn, der (mit Boehm) in einen „bildnerischen Prozess"[37] überführt wird. *Überführen* bedeutet, dass der künstlerische Vorgang an der geschichtlichen Besetzungsarbeit gestaltend teilnimmt.[38]

Um Formen und Modi einer solchen Gestaltung zu erforschen, wird im nächsten Kapitel die künstlerische Geste und deren mediale Artikulation im Bildgeschehen philosophisch analysiert. Dadurch soll zugleich eine bestimmte Verflechtung von Ästhetik (hier als die dem Bild immanente Reflexivität) und Ethik herausgearbeitet werden, die Licht auf Kiefers besondere Arbeit am Mythos werfen könnte.

### *1.3 Zu einer Ästhetik und Ethik der Geste*

Der durch den Körper des Autors vollzogene Hitlergruß erscheint in Kiefers Bildern als Geste in Form unterschiedlicher Ins-Werk-Setzungen: Der Gruß wird auf Bilder vielfältiger Formate performiert, das heißt gemalt und nicht zuletzt fotografiert. Den unterschiedlichen medialen Konstellationen, die den Hitlergruß visuell ermöglichen, entsprechen also auf medialer Ebene ebenso vielfältige künstlerische Gesten. Da die Aktionen von Kiefer in den bislang erwähnten Werken sowohl gemalt als auch fotografisch sichtbar sind, werden sie im Folgenden durch die medialen Gesten des Malens und des Fotografierens erforscht. Obwohl wir bis jetzt nur auf die *Besetzungen* als Performance und fotografische Bildserie eingegangen sind, ist eine kurze Reflexion über die gemalten Bilder in medienphilosophischer Hinsicht notwendig, um einen wichtigen Aspekt der künstlerischen Geste Kiefers in *Heroische Sinnbilder* zu erhellen.

Um einige von Kiefers malenden Gesten in *Heroische Sinnbilder* zu verstehen, kann ein werk- und zugleich produktionsorientierter Ansatz in Anlehnung an Flusser fruchtbar sein, dem zufolge „die Bedeutung der Geste des Malens [...] das zu malende Gemälde"[39] ist: In dieser scheinbaren Tautologie steckt unter anderem die Idee, dass das zu malende Werk mittels der Sichtbarmachung seiner Gestaltungsart die Körperlichkeit der Autor*in-Produzent*in exponiert. Die Bedeutung der Geste des Malens ist dadurch also gänzlich sinnlicher Art. Nicht allein durch seine mögliche Erkennbarkeit im Bild macht sich Kiefer zur sinnlich-materiellen Angriffsfläche kritischer und gleichzeitig sogar unreflektierter Urteile: Durch das Malen selbst – das heißt durch die Verwendung derjenigen künstlerischen Medialität, die Spuren des Körpereinsatzes (vom Arm über den Ellenbogen und das Handgelenk bis zu den Fingern und darüber hinaus) in das Werk hinein verlängert – exponiert sich der Körper in dessen Kontingenz, unüberwindbaren Unvollständigkeit und Verwundbarkeit (Abbildung 5). Durch die Exposition des Körpers (als somatischen und medialisierten) wird die Bilderzählung als gelebtes Zeugnis einer Verarbeitung der Geschichte authentifiziert. Eine Erlösung der Täter von ihren Straftaten, der Opfer von ihrem Leiden und der Posterität von der Verantwortung durch die Fleischwerdung, das heißt durch die sinnliche Evidenz der Bilderzählung, ist allerdings nicht gegeben, da sie die Transgression durch die Medialisierung und Darstellung des Verbotenen nur perpetuieren kann, als ob die Sichtbarmachung eines potenziellen Gesetzesbruchs eine ausweglose Angelegenheit dieser Kunst wäre. Eine mögliche Befreiung – die aus einer merkwürdigen und nicht wegzudenkenden Triangulation zwischen der Geste und der Leiblichkeit des Künstlers, der ‚Körperlichkeit' des Bildes (das ist dessen Materialität) und dem performiert-dargestellten Hitlergruß resultiert – kann, wenn überhaupt, gerade nur in der transgressiven Geste des Bildes liegen: Denn der Bildraum wird (mit Bataille) zum Ort einer künstlerischen Überschreitung und dadurch einer indirekt gestalterischen Legitimierung der Grenzen der Ethik – und dabei aber auch des Darstellbaren und Sichtbaren. Bei Bataille heißt es: „Die Überschreitung ist nicht die Negation des Verbotes, sondern sie geht über das Verbot hinaus und vervollständigt es"[40]. Es handelt sich bei Kiefer um eine Vervollständigung des Verbots via künstlerischer Negation, die den Raum des Gesetzkonformen aufzeigt und auf die Weise erkennbar macht. Ein solcher Rekurs auf die malerische Geste kann daher insofern als epistemische Exposition einer ästhetisch-ethischen Grenze betrachtet werden.

Eine weitere Medialisierungsstrategie, die fotografische, mag eine andere Funktion der künstlerischen Geste bei Kiefer erschließen: das Archivarische. In *Heroische Sinnbilder*, wie bereits ausgeführt, werden die Fotos zu Zeugnissen der Besetzungen (vergleiche Abbildung 1), was eine erste grobe erinnerungsspeichernde und deshalb archivarische Tendenz ausmachen könnte. In Kiefers Künstlerbuch (dieses bei ihm als künstlerisches Genre für sich betrachtet) werden die Bilder aber auch zu Bestandteilen einer horizontal-vertikalen Anordnung, die reminiszenzartig ein Spannungsverhältnis mit der Organisationsstruktur der Tafeln von Aby Warburgs Bilderatlas *Mnemosyne* zu unterhalten scheint.[41] Trotz einiger durchaus frappierender Unterschiede zwischen Kiefers Werk und jenem Warburgs, unter anderem hinsichtlich der Gestaltung des Hintergrunds, der dargestellten Themenvielfalt und natürlich der von den Bildern dokumentierten Zeitspanne (Kiefers Bilder sind Zeugnisse der Gegenwart des Produzenten, Warburgs Tafeln umfassen die Menschheitsgeschichte von der Antike bis zur Gegenwart), lassen sich einige Gemeinsamkeiten inhaltlich-motivischer und formaler Art ausmachen, die für unseren Diskurs von Belang sind. Fangen wir mit den inhaltlich-motivischen Elementen an: Kiefers künstlerisches Double mit dessen Hitlergruß erscheint an maßgeblichen Orten der westlichen Kultur und der Grand Tour. Gerade dies kann als eine kunstübergreifende *réécriture* des Versuchs Warburgs in *Mnemosyne* gelesen werden, einen Teil der „Gesten der abendländischen Menschheit - vom klassischen Griechenland bis zum Faschismus“[42] zu verbildlichen. Der in seiner Starrheit künstlich anmutende Hitlergruß schreibt sich aber eher in eine endgültig defigurierte Menschheitsgeschichte *sub specie imaginis* ein. Indem Kiefer - und hier kommen wir zum formalen Aspekt, um gleichzeitig die inhaltlich-thematische Seite des Diskurses zu vervollständigen - seine Bilder als Fotografien in diesem besonderen Künstlerbuch archiviert, scheint er auf seine Art und Weise Warburgs Projekt in *Mnemosyne* wiederaufnehmen zu können. Die horizontal-vertikale Anordnung der Bilder im Modus des Nebeneinanders sowie das Blättern des Buches benötigen ein visuell-taktiles Abtasten der Bildflächen, durch das eine Reflexivität in Gang gesetzt wird. Die tendenziell gegensätzliche Natur der Bilder, die eine greifbare Nähe und zugleich ein Vergangenes (zum Beispiel eine künstlerische Geste, ein darzustellendes Sujet, ein Gefühl) und somit Entferntes per se konstituieren, aber auch vortäuschen, erhält kraft der Greifbarkeit des Buches und der auch nur angedeuteten Geste des Blätterns die dialektische Form eines Erkenntnisaktes, bei dem die Welt imaginär und begrifflich erforscht (Nähe) und auf reflexiver Distanz gehalten wird. Auf der formalen Ebene scheinen also die *Heroischen Sinnbilder* eine Interaktion mit Warburgs gestischem *Mnemosyne*-Projekt aufzuweisen:

> Bewusstes Distanzschaffen zwischen sich und der Außenwelt darf man wohl als Grundakt menschlicher Zivilisation bezeichnen; wird dieser Zwischenraum das Substrat künstlerischer Gestaltung, so sind die Vorbedingungen erfüllt, dass dieses Distanzbewusstsein zu einer sozialen Dauerfunktion werden kann [...]. Zwischen imaginärem Zugreifen und begrifflicher Schau steht das hantierende Abtasten des Objekts mit darauf erfolgender plastischer oder malerischer Spiegelung, die man den künstlerischen Akt nennt. [...] Der Atlas Mnemosyne will durch seine Bildmaterialien diesen Prozess illustrieren, den man als Versuch der Einverseelung vorgeprägter Ausdruckswerte bei der Darstellung bewegten Lebens bezeichnen könnte.[43]

In Kiefers künstlerischem Gedächtnisdepot stehen die Bilder nicht still, als seien sie bloße dekorative Fotos eines willkürlichen Albums. Mit ihrem Provokationspotential und ihrer transgressiven Art sollen die *Besetzungen* und *Heroischen Sinnbilder* die Betrachter*innen dazu anregen, die spannungsreiche Dialektik zwischen Annäherung (Wissensaneignung) und Distanznahme (Hinterfragung der Wissensbestände)[44] einzuüben. Eine solche Dialektik ist an sich kontingent und unabgeschlossen: eine Geste, deren Wiederholung eine responsive Haltung verlangt, ja für unsere Reflexion unabdingbar macht:

> Der Nationalsozialismus ist noch ungedacht, bedeutet dann: Es steht uns immer bevor, ihn zu denken, er wird nicht aufhören, ungedacht zu sein. Und das ist vermutlich das Beste, was uns in Bezug auf diese Katastrophe der Geschichte passieren kann. Keine Erinnerungskultur wird uns abnehmen, diese Katastrophe wiederholt durchdenken zu müssen; Erinnerungskultur, wenn sie etwas anderes und mehr sein soll als verordnetes Schuldgefühl, ist ohnehin nur immer das: Erinnerung an den Versuch, noch ein Mal zu denken, was geschah. Den Nationalsozialismus zu denken heißt also, sich auf ihn, und das kann nur heißen: sein, des Nationalsozialismus, eigenes Denken, einzulassen, um von ihm aus oder sogar in ihm sein noch Ungedachtes zu finden. Das wird zwar weder zu einer Erkenntnis im oben genannten Sinne noch zu einer Erklärung, weder zu einem Verstehen noch zu einer Definition führen.[45]

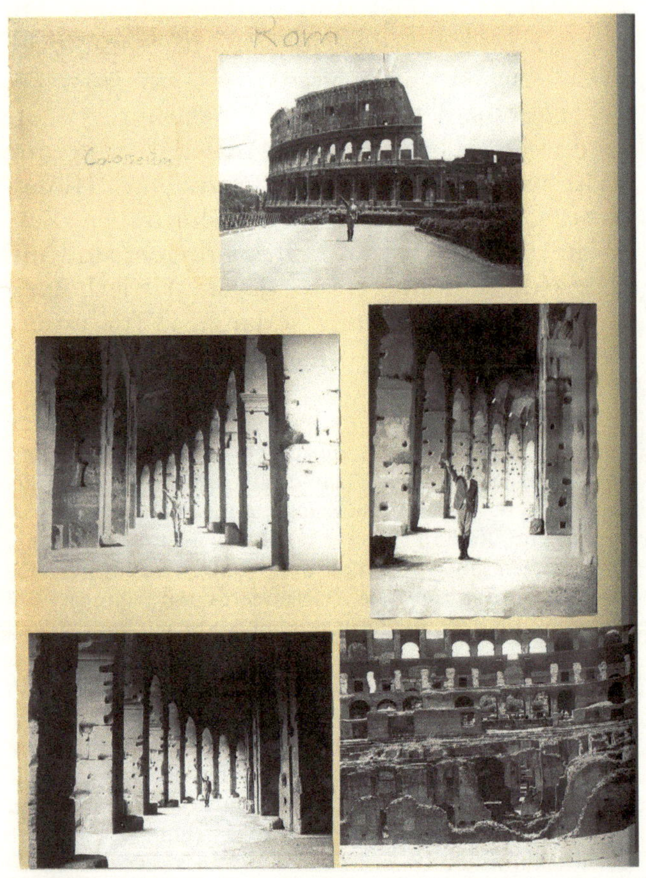


Abbildung 1
Anselm Kiefer, *Heroische Sinnbilder II (Montpellier)*
1969
46 Seiten (22 Doppelseiten, Titel- und Rückseite)
Abgebildete Seite: 22

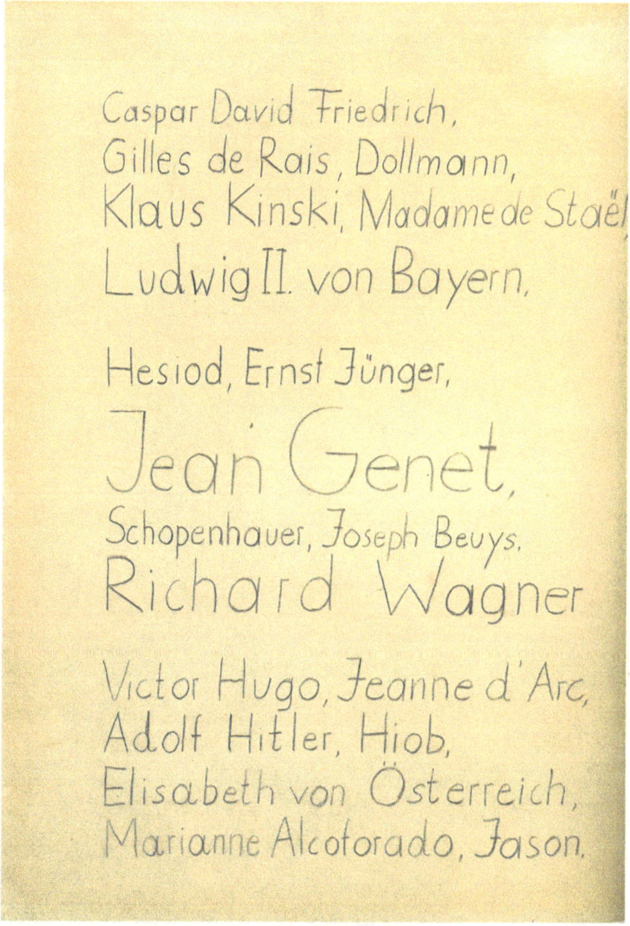

Abbildung 2
Anselm Kiefer, *Heroische Sinnbilder (Symboles héroïques)*
1969
46 Seiten (22 Doppelseiten, Titel- und Rückseite)
Abgebildete Seite: 26

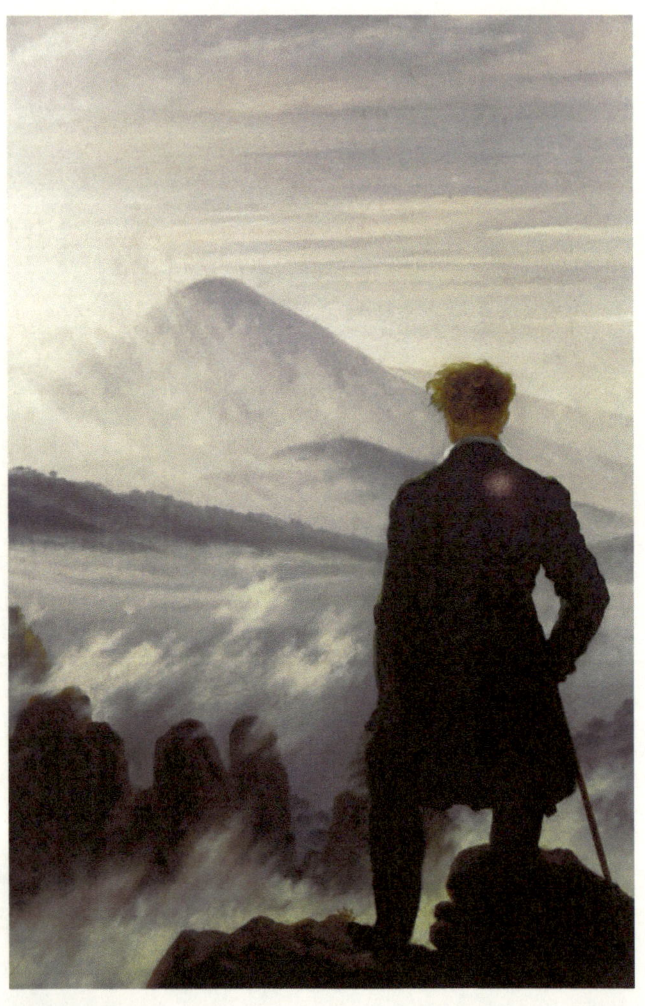

Abbildung 3
Caspar David Friedrich, *Der Wanderer über dem Nebelmeer* (Detail)
1818
Öl auf Leinwand
94,8 x 74,8 cm

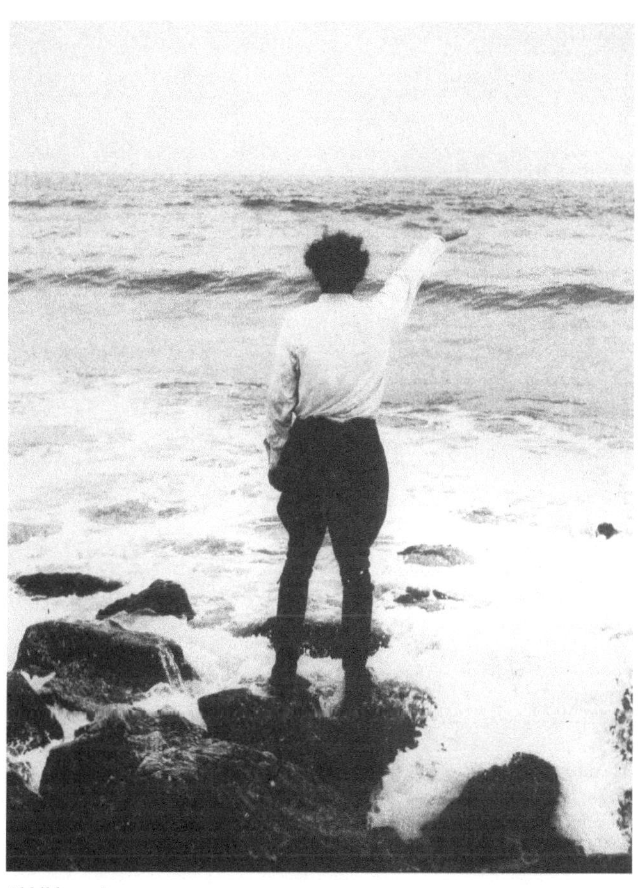

Abbildung 4
Anselm Kiefer, *Besetzungen*
1969
s/w Fotografie

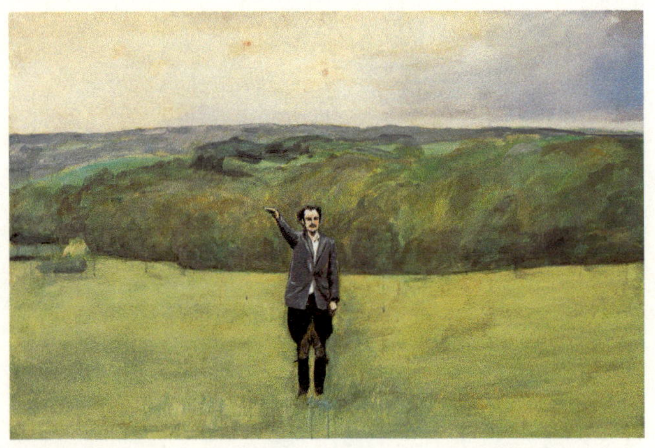

Abbildung 5
Anselm Kiefer, *Heroisches Sinnbild VII*
1970
Öl auf Leinwand
120 x 159,5 cm

## 2. Kunst als Ruine. Ausgehend von Anselm Kiefers *The Shape of Ancient Thought*

Ruinen. Nichts scheint die Kunst weniger darzustellen oder verkörpern zu können als Ruinen, Trümmer und Relikte des Vergangenen. Unmittelbar assoziiert, wenn nicht unmittelbar mit der Perfektion des Gemachten, so doch zumindest mit dem Anspruch des Fertigen, lassen sich Kunstwerke kaum als bloße Reste des nicht mehr Bestehenden oder Fragmente einer unzeitgemäßen, jede Erzählung unterbrechenden Szene auffassen. Kunst will also, so die Überlegung, der Vergangenheit in der Integrität ihrer Gegenwart, auf Augenhöhe eines feststellbaren Vollzugscharakters begegnen. Was, wenn aber die Kunst nicht (länger) diesen Anspruch hätte? Wie verhält sich Kunst, sobald sie sich ihrer (Selbst-)Auflösung in der und durch die Zeit hingibt? Was ist Kunst dann als Ruine?

In einem unerhörten Nahkampf mit der Materialität des Kunstwerkes scheint Kiefer diesen Fragen nachzugehen und an jene der Autonomie des Kunstwerkes zu knüpfen. Von Lösungsansätzen kann allerdings gar nicht die Rede sein. Vielmehr handelt es sich um Experimente, die in der Dimension der Erprobung ihren Wahrheitsgehalt erlangen. Es geht also um künstlerische Versuche, deren Sinn sich erst als Ineinander von Interaktion und Organisation verstehen lässt, welches sich in der Immanenz des Bildraums darbietet.

### *2.1 Der Antike auf der Spur*

Kiefers Arbeit am Mythos war bereits in einer der vorherigen Analysen Gegenstand von Reflexion (Kapitel 1.2). Es reicht aber schlicht nicht aus, von einem künstlerischen Umgang mit Mythen, Narrativen und deren (ideologischen) Sinnmöglichkeiten zu sprechen. Bei Kiefer wird beispielsweise die Antike nicht allein als eine Narration hinterfragt, die sich von Mythos zu Mythos in eine taumelhafte Überschneidung von intermedialen und -textuellen Strategien überträgt, wobei die Präsenz eines Teils gar unbewussten Subtextes oder eines durch Logos tradierten Sinnhorizonts oft die Bedingung seiner künstlerischen Vollzüge ausmacht. Die Bildlichkeit von Kiefers Werken geht, anders gesagt, immer auch mit einer Dimension des Ungesagten und des Unaussprechlichen einher, kraft derer medienübergreifende Operationen herbeigeführt werden, die eine Eigenlogik zu produzieren scheinen. Die Antike ist also bei Kiefer nicht primär Sujet des Bildes, sondern dessen Gestaltungsart, deren Verfasstheit mehrdeutiger Art ist und ein konstantes interpretatives Oszillieren zwischen Diesseits und Jenseits des Werkes vonseiten der Rezipient*innen verlangt.

Eine solche Beweglichkeit und der dadurch ausgelöste unvermeidbare Perspektivenwechsel zeigen sich exemplarisch in einem auf den ersten Blick als regelrechtes Studium zu konzipierenden Werk: *The Shape of Ancient Thought.*[46] Der Charakter eines Studiums ergibt sich sehr schnell aus der Tatsache, dass es sich zunächst als ein Werk ‚bei Gelegenheit von' präsentiert: Kiefers Arbeiten, die aus großen Bildern und der entsprechenden Fotoserie bestehen, entstanden angeblich nach der Lektüre des von Thomas McEvilleys verfassten und 2002 erschienenen Bandes *The Shape of Ancient Thought*[47], der Kiefers Werk den Titel gibt. Nun könnte diese Beziehung an eine thesenhafte und deshalb künstlerisch weniger spontane oder gar kreative Komposition denken lassen, was aber nicht der Fall ist. In der Tat besteht eine nicht eindeutige und nur spekulativ erstellbare Kontinuität zwischen der Abhandlung McEvilleys und Kiefers Bildern. Eine solche lose Relationalität wird im Folgenden philosophisch reflektiert in der Hoffnung, den Rahmen der Sinnmöglichkeiten des Werkes zu erweitern.

McEvilleys Abhandlung ist eine dichte, für die Leserschaft freilich nicht voraussetzungsfreie. Die vollständige Rekonstruktion des Textes wäre an der Stelle nicht besonders hilfreich, daher wird neben einer groben thematischen Angabe eher auf die möglichen Bild-Text-Beziehungen einzugehen sein. Kiefers Interesse für diesen Text ist nicht reichlich dokumentiert, wir verfügen allerdings über eine wertvolle Aufnahme eines Gesprächs, das der Autor 2016 im Getty Center in Los Angeles gemeinsam mit Peter Tokofsky und Timothy Potts geführt hat.[48] Zu Beginn des

Gesprächs erläutert Kiefer einen der Gründe für seine Lektüre von McEvilleys Abhandlung. Neben der Freundschaft, die er mit dem (in der Zwischenzeit verstorbenen) Wissenschaftler und Kunstkritiker unterhielt und die ihm die Möglichkeit gab, McEvilleys Buch in unterschiedlichen Angelegenheiten bereits vor dessen Veröffentlichung zu besprechen, gab es weitere Motive für sein Interesse. Diese lagen in der von McEvilley analysierten Verbindung zwischen griechischer bzw. vorsokratischer und indischer Philosophie, die den oft angenommenen Vorrang der westlichen Kultur zur orientalischen in ein höchst dynamisches, ambivalentes Verhältnis konvertiert. Die westliche Philosophie der Griechen wäre daher in Kiefers Interpretation von McEvilley auch von der orientalischen, präziser: indischen, während eines sehr intensiven Austauschs beeinflusst worden.[49] McEvilleys These, welche für Kiefer die Möglichkeit kultureller Grenzziehungen (zwischen etwa westlichen und ostasiatischen Philosophien) *de facto* in Frage stellt, ließe sich daher allgemein auch als eine Metapher für das künstlerische Schaffen begreifen: „The artist doesn't create ex nihilo"[50] stellt Kiefer fest und scheint damit zu meinen, dass auch die Kunst von mehrfachen Relationsgefügen durchdrungen ist, die sich nicht linear auffassen lassen und ihre Grenzen und Ursprünge immer wieder aufs Neue verhandeln.

Kiefer ist sich im Rahmen seines Vortrags – so meine These – selbstverständlich bewusst, dass McEvilleys Thesen von ihm nur gerafft dargestellt werden konnten. Wir sollten dabei nicht vergessen, dass es sich nicht um einen wissenschaftlichen Vortrag handelt, der auf eine möglichst präzise Analyse klar umrissener Untersuchungsgegenstände zielt. Darüber hinaus lässt sich der oft ironische Ton der Besprechung mit den zwei weiteren Gesprächspartnern eher als spielerisch-performative Art auslegen, die eigenen Reflexionen durch die eigene künstlerische Haltung hindurch zum Ausdruck zu bringen. Dies bedeutet wiederum natürlich nicht, dass Kiefers Diskurs seiner eminent künstlerischen Natur wegen nicht ernst genommen werden sollte, im Gegenteil: Erst durch die Darbietung des Diskurses im grundlegend prekären Feld der Kunst erschließt sich Kiefers Beziehung zum Text, die jegliches Primat des Logos und eines restlosen Verständnisses zu unterminieren versucht. Kiefers Worte sind vielleicht an der Stelle insofern auch als Kunstmedien aufzufassen.

In den Bildern Kiefers, von denen die Abbildung 6 nur als Beispiel fungieren kann, könnte die Inversion des Konkurrenzverhältnisses zwischen griechischer und indischer Kultur unter anderem durch die Überlagerung von zwei bildlichen Motiven eine stark symbolisch-allegorische Visualisierung erfahren. Wir sehen nämlich in einer Schwarz-Weiß-Transparenz die Säulen eines vielleicht griechischen Tempels, welche aus den Trümmern oder Ruinen einer gefallenen Mauer zum (vielleicht wolkenlosen?) Himmel emporsteigen. Die griechischen Säulen sind durch ihre charakteristische senkrechte Auskehlung und die kaum zu sehenden ionischen Voluten erkennbar.

Die Mauertrümmer bieten uns weniger Elemente für die Erkennung ihrer möglichen Herkunft, falls diese überhaupt von Belang sein sollte. Beim Gespräch am Getty Center erklärt Kiefer, dass es sich um Reste von ehemaligen Ziegelfabriken handelt, die er bei einer Weltreise in den Neunzigern in Indien besucht hat.[51] Auch in anderen Bildern, wie etwas *Das Geviert* (1997; Abbildung 7), ist dieses Motiv vorhanden, wenn auch, im Vergleich zu *The Shape of Ancient Thought*, mit einem ausgeprägteren symbolisch-allegorischen Charakter,[52] der aber an der Stelle nicht weiter verfolgt wird, um die immanente Bildästhetik von Kiefers Werken zu analysieren.

Kiefers Aufmerksamkeit für diese Fabriken ist mit ihrer, so lässt sich vermuten, besonders vorübergehenden Existenzweise verbunden. Sie entstehen durch eine Aufteilung des Lehms in entsprechenden Formen, die dann schichtweise zusammen mit Holzklötzen aufeinandergestapelt werden. Diese werden dann gebrannt (*gebacken*), damit die Ziegel ihre endgültige Form erhalten. Die Fertigstellung des Produkts bedeutet aber auch das Ende der Fabrik, die nur aus den geometrisch angeordneten Reihen von Lehm- und später Backsteinschichten besteht – die Fabriken besitzen also keine eigenen Räume abgesehen von den langen Reihen an Ziegeln, die, einmal fertiggestellt, den Kunden geliefert werden. Die übriggebliebenen Ziegel bleiben dort liegen, wo sie produziert wurden. Sie werden also nicht zerstört und sind deshalb nicht allein die Trümmer, sondern auch und vor allem die Ruinen einer nunmehr vergangenen Produktionsstätte.

Es ist interessant, dass Ziegel auch an einigen Stellen der Abhandlung von McEvilley thematisiert werden, aber insbesondere dort, wo es in der vom Autor bezeichneten indischen Kultur um das Studium geometrischer Probleme (wie etwa des Satzes des Phytagoras) geht oder um die rituelle Funktion von Gebäuden: „Mesopotamian texts of the period that was in contact with the Indus cities emphasize the problem of the making of bricks for ritual construction to certain dimensions and shapes [...]“[53]. McEvilleys Abhandlung ist, wie bereits angedeutet, *nach* Kiefers Reise in Indien veröffentlicht worden, ihre Vorbereitung wurde aber in Gesprächen mit Kiefer mehrfach angekündigt, sodass wir zumindest von einem generischen Einfluss der Thesen McEvilleys auf Kiefers künstlerische Reflexion ausgehen können. Vielleicht kann gerade die Dialektik zwischen geometrischer und ritueller Funktion, die sich allgemein auf die Gegenseitigkeit von Messbarem und Unermesslichem zurückführen lässt, nicht allein Kiefers Interesse für solche Ziegelaggregate und deren Ruinen geweckt, sondern ihm auch die Möglichkeit gegeben haben, ein wichtiges Postulat seines Schaffens künstlerisch zu thematisieren. Dieses wird erneut in einer wichtigen Passage des Gesprächs am Getty Center erwähnt, in dem die Unmöglichkeit einer Unterscheidung zwischen Kunst und Nicht-Kunst gerade auf der Folie des Verhältnisses zwischen Messbarkeit und Unermesslichem diskutiert wird.[54] Kiefer geht im Gespräch auf seine Faszination für die Kreiszahl ($\pi$)

ein, die einerseits Ausdruck klarer mathematischer Verhältnisse ist und zugleich die Unerreichbarkeit exakter mathematischer Relationen für die Lösung eines Problems darstellt. Die Nachkommastellen der Kreiszahl sind nämlich potentiell endlos viele und die Tatsache, dass wir sie (noch) nicht alle kennen, mag für Kiefer als Beweis für die mögliche Fehlbarkeit und Vulnerabilität einer sich als exakt verstehenden Wissenschaft wie der Mathematik gelten.

### *2.2 Im Medium der Ruine*

Es ergibt sich also durch die bei McEvilleys Abhandlung wissenschaftlich erarbeitete Dialektik zwischen Geometrischem und Rituellem ein Spannungsverhältnis zwischen Messbarem und Unermesslichem, die bei Kiefer als zwei Momente ein und desselben künstlerischen Geschehens betrachtet werden können. Eine solche dynamische Relationalität ereignet sich im Werk durch ein durch das Motiv Ruine in Bewegung gesetztes Spiel von *verhüllender Enthüllung*, bei dem das Bild ihre Selbstkonstitution zur Sprache kommen lässt. Es handelt sich um ein selbstreflexives Moment, das durch die Doppelbelichtung und ihre spezifische Intersektion von Transparenz und Opazität sowie von Ein- und Mehrschichtigkeit eine Art chiastische Relation kenntlich macht (Abbildung 8). Bei einer derartigen immanenten Bildästhetik wird die Geste des „Zeigen[s] […] zur fortgesetzten Zer-Zeigung“[55], und zwar zu einer dynamischen Form von Reflexivität, bei der die Ambivalenz des Bildlichen die Unruhe des Sinns aufkommen lässt. Als „sedimentierte[r] Inhalt“[56] erscheint der Sinn als Ausstellung bzw. Sich-zur-Schau-Stellen, als Vorführung, bei der Form und Inhalt nicht koinzidieren und gleichzeitig im Modus der Koexistenz voneinander nicht getrennt werden können. Eine an sich sogar auch drastisch differierende Einheit kündigt sich daher im Bild an, die durch die Ruinen (der Ziegelfabriken, aber auch natürlich der Tempelarchitekturen) ihre Sinnfälligkeit erfährt. Die Ruine operiert aus dieser Perspektive als ästhetisches Kompositionsprinzip eines Antagonismus, der sich im Bild sedimentiert:

> Den tiefen Frieden aber, der wie ein heiliger Bannkreis die Ruine umgibt, trägt *diese* Konstellation: daß der dunkle Antagonismus, der die Form alles Daseins bedingt, – einmal innerhalb der bloßen Naturkräfte wirksam, ein anderes Mal innerhalb des seelischen Lebens für sich allein, ein drittes Mal, wie an unserm Gegenstand, zwischen Natur und Materie sich abspielend – daß dieser Antagonismus hier gleichfalls nicht zum Gleichgewicht versöhnt ist, sondern die eine Seite überwiegen, die andere in Vernichtung sinken läßt und dabei dennoch ein formsicheres, ruhig verharrendes Bild bietet.[57]

Die Ruine zeugt also nach Simmel von einer unauflöslichen Instabilität. Sie ist das Indiz, dass die Kräfte der Kontingenz in ihrem vollen Umfang walten. Keine metaphysische Illusion führt zur *coincidentia oppositorum*: In unerhörter Tragik der Unvereinbarkeit bleibt der Antagonismus, der sich für Simmel auf den allgemeinen Konflikt Natur-Geist zurückführen lässt, bestehen und beharrt in der Textur der Erfahrung. Im „Bild", das heißt in der plastischen Existenz der Ruine, ruhen Gegensätze, welche die Vernunft weiter differenziert und aufspaltet, ohne ihre ästhetische Verfasstheit durchdringen zu können. Die Formsicherheit ihrer Erscheinung ist also bloß eine scheinbare. Denn die Gegensätze weisen auf einen uneinholbaren Sinn hin, der sich konstituiert als „Bewegung des Sein-*zu*, oder das Sein als *Kunft* [...] in die Präsenz, oder auch als Transitivität, als Übergang zur Präsenz - und im gleichen Zuge als Übergang *der* Präsenz"[58]. Der Sinn als „Kunft" schreibt sich durch seine (Anti-)Agonalität in die Unentschlossenheit von Vergangenheit und Zukunft ein, hält aber in sich den „historische[n] Index der Bilder" fest, die nur „in einer bestimmten Zeit zur Lesbarkeit kommen"[59]. Sobald wir uns die Frage nach der Eigenzeit und somit nach dem Sinn der Ruine stellen, geraten wir in die Bahn einer ebenfalls radikal kontingenten Hermeneutik ihrer Präsenz. Keine Nostalgie, Rekonstruktion oder Revision ist in der Geschichte apriorisch garantiert, sodass die Stillstellung der Ruine die Reglosigkeit und Kristallisierung jeder untergrabenen Sinngebung in sich trägt: den Tod.

So sehr dagegen die Ästhetik der Ruine seit je auf den Untergang und das Verschwinden bezogen ist, hält die prekäre Form/Materie-Balance der Ruine auf eigentümliche Weise die Zukunft offen. Solange Erinnerung noch der materialen Chiffrenschrift der Ruinen korrespondiert, befinden wir uns, wie die Ruine selbst, mitten in der Geschichte. Noch einmal zugespitzt: Der Augenblick, wo alles in Schrift überführt ist, ist systematisch auf den Augenblick bezogen, in dem alles Ruine ist. Es ist der Augenblick, in welchem die zwischen Ruine und Schrift dialektisch arbeitende Erinnerung stillgestellt ist, also der Augenblick des Todes.[60]

Die Lesbarkeit der Ruinen als „ästhetisches Phänomen“[61] bedeutet, sie als Formen der Antizipation einer Zukunft zu betrachten, die sich nur als „Kunft“ erkennbar macht. Eine solche (Zu)Kunft nimmt bei Kiefer nicht die präzise Gestalt einer Vorstellung an, die planbar oder gar utopisch wäre. Nichts liegt Kiefers Kompositionen ferner, als der Wirklichkeit vorschreiben zu wollen, wie sie sein soll oder kann. Vielmehr scheint die künstlerische Gestalt die Futuribilität[62] als – mit den von Nancy früher erwähnten Begriffen – „Bewegung-zu“ zu modellieren, als dynamische Konstitution des Sinns hin zu dessen Vollzug, der selbstredend keinen endgültigen Charakter hat. Wir erleben aber eine derartige Motilität immer nur als ein bereits Vergangenes, selbst wenn wir – ähnlich wie bei Calders *Mobiles* – der Struktur des Werkes jede Fixierbarkeit wegnehmen. Wie lässt sich also, die Wiederholung der Frage scheint an der Stelle notwendig zu sein, die Prozesshaftigkeit des Werkes auffassen, wenn die Bewegung des Sinns fortlaufend in eine Vergangenheit rückt? Vielleicht ist die Ruine auf dem Feld der Kunst – das heißt dort, wo Verschleiß, Zerstörung und Verfall des Materials eine ästhetische Valenz erhalten können, die über das Gebot der Vollständigkeit hinaus geht[63] – ein geeigneter Ort, um die Prozesshaftigkeit in ihrer materiellen, und somit sinnfälligen, Wirksamkeit zur Sprache zu bringen. In der Ruine ist die Selbstwerdung künstlerischer Materialien nicht länger Epiphänomen ihrer Erscheinungsweise. Der Prozess kündigt sich nicht als eine randständige Tautologie der Poiesis und deren Eigenzeit an, die in der Kunst evident wird. Prozesshaftigkeit ist bei Kiefer eher die formgebende Kraft der Kontingenz, in der sich die Dialektik zwischen Produktion und Zerstörung - die immer gleichzeitig ihr Ineinander, ihre Alternanz und agonale Konfrontation bedeutet - konkret auslotet. Jede Poiesis ist bei Kiefer an die Zerstörung unzertrennlich gekoppelt.

Vor dem Hintergrund einer solchen Prozesshaftigkeit in Kiefers Werk erhält die Figur der Ziegelfabrik, auf die wir vorher kurz eingegangen sind, eine ganz besondere, gar entscheidende Valenz: Denn sie wirkt gewissermaßen als Bildmetapher und zugleich als bildliche Selbstmetapher. Das Werk realisiert sich durch einen Prozess, dessen Verlauf auf die progressive, unaufhaltsame Zerrüttung unweigerlich abzielt. Die sich selbst schaffende und sich selbst auflösende Fabrik wird von diesem Gesichtspunkt aus das Paradigma des Werkes als Ruine: Es schafft sich, um sich mithilfe der Zeit und des unmerklichen Laufs der Dinge aufzulösen, und um gleichzeitig einen neuen Anfang zu bilden. In einer Passage seiner Notizbücher, die in der Tat zahlreiche Anmerkungen und Gedanken zum Bild der Ziegelfabrik enthalten, heißt es:

> Mit den Lehmziegeln ist gebaut worden. Dann ging das Feuer hindurch, und mit den nunmehr gebrannten Ziegeln wird wieder gebaut. Die Bestimmung der Ziegel ändert sich nicht. - Warum ist mir das so wichtig? Es scheint etwas zu sagen. Was? Es ist der Rhythmus. In einer Produktionshalle

gibt es einen Ausstoß, in manchen Tag und Nacht hindurch. Hier wird immer wieder von neuem angefangen.[64]

Der „Rhythmus" von Ende und (Neu-)Anfang schreibt sich in Kiefers Werk als ihr intimes Gesetz der kreativen Selbstzerstörung ein. In seinem Selbstauslegungsversuch anlässlich des Auftakts seiner Vorlesung am Collège de France, *L'art survivra à ses ruines* (2010; deutsche Version des Titels: *Die Kunst geht knapp nicht unter*), schreibt Kiefer Folgendes:

die Selbstauslöschung [war] immer das intimste, das erhabenste Ziel der Kunst, Eitelkeiten, die deutlich sichtbar wurden. Denn so heftig die Angriffe auch ausfallen mögen - und selbst dann, wenn sie bald an ihre Grenzen stoßen sollte - die Kunst geht knapp nicht unter.[65]

Durch diese Passage aus Kiefers Vorlesung lässt sich, wenn nicht eine Poetik, so wegen ihres nicht-normativen Charakters doch zumindest eine Werkästhetik ablesen, die mit einer Ruinenästhetik zusammenfällt. Kiefer spricht von „Selbstauslöschung" der Kunst, obwohl in der französischen Ausgabe der Vorlesung von „autodestruction"[66] derselben die Rede ist, und er meint damit die Kraft des Werkes, sich selbst nie restlos aufheben zu können - und zu wollen. Genau diese Kraft ist laut Kiefer gar das erhabenste Ziel der Kunst, weil erst dadurch ihre Vergänglichkeit wahrnehmbar wird. Eine solche Prekarität wird unter anderem auch in späteren Werken Kiefers wie etwa in der Ausstellung und dem gleichnamigen Bild *Für Andrea Emo* (2018) gestalterisch in Form einer klumpenartigen, halb verbrannten Materie, die jede Narration und somit jede Teleologie des Bildlichen infrage stellt (Abbildung 9).[67] Kunst also als *vanitas vanitatum*, aber nicht im Sinne einer Selbstgefälligkeit. Vielmehr handelt es sich um das prekärste, instabilste Feld für jede Sinnstiftung, die sich ihres wiederholten Endes noch lange vor jeder Rezipierbarkeit bewusst werden muss: die Ruine. Ruine ist daher nicht allein Zerstörung, sondern auch, um ein Thema aus dem Kapitel 1 wieder aufzugreifen, grundlegende Exposition des Werkes. „*Hoc est enim corpus meum*" („Das ist mein Leib", Lukas 22, 19): Mit diesem Satz, der hier im Anschluss an Jean-Luc Nancys Überlegungen aus *Corpus* ausgedeutet wird,[68] scheint sich das Werk einer künstlerischen oder kunstgeschichtlich sanktionierbaren Immunisierung querstellen zu wollen: Die Verwundbarkeit eines sich im Material modellierenden Sinns ist die Ruine des Werkes und dadurch ihre intime Möglichkeit, anders und Anderes zu werden:

> Manchmal geschieht es, dass ein Kunstwerk ein anderes zerstört. Zur Erläuterung: Auf die akademische Malerei folgte der Impressionismus, auf den Impressionismus die Abstraktion und so weiter... Jede neue Kunstrichtung entsteht als eine negative Reaktion auf die vorherrschende Ästhetik. [...] Als allgemeines Gesetz gilt - und ich sehe darin eine Art Autoimmunreaktion - dass die Kunst stets gegen sich selbst rebelliert. Sie scheint nur existieren zu können, weil sie sich verneint.[69]

In der französischen Version desselben Textes erscheint außerdem ein Satz zum Schluss der vorherigen Passage, der in der deutschen Ausgabe umformuliert wird, in der die Kunst ihrer

Selbstzerstörung unterworfen wird, um ihre Existenz per Negation zu gewährleisten:

> Soumis à son autodestruction, à ce ,vouloir le mal', paradoxalement il procure le bien.[70]

Kunstgeschichte als Ruine? In diesen Zeilen ist nicht die Kunstgeschichte als Wissenschaft gemeint, sondern vielmehr die Geschichte der Künste als (kommende) Werke, die durch ihren Vollzugscharakter eine Widerständigkeit gegen das Gegebene üben. In der Aussage Kiefers hinsichtlich der historischen Widerständigkeit der Kunst als Ruine hallen Adornos Worte nach, demnach „,ein Kunstwerk [...] der Todfeind des anderen' [ist]; die Einheit der Geschichte von Kunst ist die dialektische Figur bestimmter Negation"[71]. Adornos „bestimmte Negation" - welche die unproblematische Verwandtschaft oder Kontinuität zwischen Kunstwerken als Ausdruck des „Identitätszwang[s]"[72] betrachtet - erscheint auf der Folie von Kiefers künstlerischer Erfahrung das philosophische Pendant der Tatsache zu bilden, dass jedes Kunstwerk ein agonales Spannungsverhältnis mit bestimmten und etlichen Traditionssträngen eingeht, indem es sich als Individualität affirmiert. Ein Kunstwerk kann sich aber auch nicht selbstidentisch sein, denn jede Hypostasierung seines Wesens würde die Logik des Identischen vertreten und dadurch perpetuieren, so dass das agonale Verhältnis bei Adorno und dementsprechend möglicherweise in Kiefers Kunst zur Formensprache jeden künstlerischen Schaffens wird.

Sind wir uns aber sicher, dass die Immunisierung des Werkes, wenn nicht im Falle der Bilder aus *Für Emo*, zumindest in den *The Shape of Ancient Thought* auch nicht ansatzweise vollzogen wird, insofern diese die Zerstörung registrieren, im Medium jedoch nicht unmittelbar spürbar machen? Läuft Kiefers Ästhetik der Ruine dadurch Gefahr, sich in eine bildgeleitete Poetik zu transformieren, die uns den ruinösen Charakter von Erfahrung erzählt, ohne daran teilzunehmen, als würde sie sich, auch nur unbewusst, als bloße Darstellung präsentieren? Das Medium Fotografie kann eine solche Teilnahmslosigkeit sehr leicht vortäuschen, da sie einerseits (Benjamins Reflexion folgend)[73] eine auratische Distanz zum Geschehen zu behalten scheint, andererseits diese an mediale Formate und technische Bedingungen koppelt, deren Reproduzierbarkeit die Illusion einer Ahistorizität des Fotografischen, präziser: dessen Medium- und Darstellungscharakter, durch den der Malerei entlehnten Effekt eines „guckkastenartigen Hohlraums"[74] verstärkt. Darüber hinaus trägt Kiefers (erneut ironische) Anspielung im Rahmen des Gesprächs am Getty Center auf eine von seinem Mitarbeiter vorgenommene Bildbearbeitung mit Adobe Photoshop dazu bei,[75] den Charakter des technischen Artefakts stärker in den Vordergrund treten zu lassen, sodass jede Instabilität künstlerischer Medien und/oder Darstellungen durch die technische Präzision des Bildverfahrens aufgehoben zu sein scheint.

Eine solche Annahme würde aber wiederum von der Möglichkeit einer Außenposition ausgehen, die den Prozess der Ruine festhält. Jeder künstlerische Vollzug erscheint dadurch umso mehr als ein Balanceakt zwischen dem, was der Prozess in sich enthält, und dem, was sich aus diesem Prozess rausnehmen möchte. Ist eine solche Zwiespältigkeit des künstlerischen Aktes nicht gerade die Agonalität, welche wir als Charakteristikum von Kiefers Ruinenästhetik betrachtet haben? Kiefers Ruine scheint sich dem Dispositiv der Agonalität auch deswegen nicht entziehen zu können, weil ihre „bestimmte Negation" vom desubjektivierenden Prozess der Selbstzerstörung mitgerissen wird. Schon vor jeder Affirmation ihres Daseins wird Kunst bei Kiefer den selbstdestruktiven Kräften der Wirklichkeit ausgesetzt, indem sie sich im Rahmen eines schöpferischen Prozesses konstituiert. Der Prozess ist nicht eine Phase des künstlerischen Vollzugs. Er ist dessen innere Bedingung, die nicht aufhört, im Kunstwerk produktiv zu insistieren.

An diesem Punkt stellen uns aber Kiefers Bilder die entscheidende Frage, ob der Prozess und dabei auch die Materialität des Werkes in ihrer dynamischen Instabilität nur Projektionen unserer Geistesvorgänge seien. Ist Materialität sogar immer nur die Art und Weise, wie das Dasein des Werkes sich versprachlichen lässt? Die Frage scheint in Kiefers Bild sehr eng mit dem Illusionsspiel verbunden zu sein, das die Ruinen der Ziegelfabriken und die griechischen Tempel kreieren. Es ist also unter anderem wieder die Dialektik von Opazität und Transparenz im Bildraum der Fotoserie *The Shape of Ancient*

*Thought,* welche die Zuschauer*innen vor das Problem stellt, ob Kunst ihre Prozesshaftigkeit nur *post festum* vortäuschen kann. Auch auf dieses Thema geht Kiefer in seinem Gespräch am Getty Center ein und führt aus, dass Kunst für ihn ein Dispositiv ist, um die Illusion der Wirklichkeit, an der wir alle als Menschen und daher erkennende Wesen partizipieren, zu konkretisieren.[76] In Anlehnung an McEvilleys Lesart der vorsokratischen Philosophie, insbesondere jener Heraklits,[77] erklärt Kiefer, dass unsere Erkenntnis und die Kunst sich grundsätzlich in einem Bereits-Noch-Nicht befinden, das der Tatsache geschuldet ist, dass das Werden der Wirklichkeit sich nicht als randloses Untersuchungsobjekt anbietet. Die unzähligen Modifikationen des Seins wirken sowohl auf die Erkenntnis als auch auf die Kunst, welche wiederum auf jene durch die Produktion einer prozesshaften Illusion reagiert, die sich selbst als Illusion ausweist. Es handelt sich aber im Falle der Kunst nicht um eine sterile Verdoppelung der Trugbildhaftigkeit des Wirklichen: Die Kunst macht die Illusion zum materiellen Objekt, das gerade dessen Vergänglichkeit wegen als Zeugnis eines solchen unaufhaltsamen Prozesses betrachtet werden kann. Kunst kann, mit anderen Worten, die Illusion von Wirklichkeit, die durch unsere Erkenntnis generiert wird, vor Augen führen und somit in einer räumlichen Gestalt materialisieren, die dank ihrer sinnlichen und palimpsestartigen[78] Natur den Prozess der Wirklichkeit und deren Instabilität sichtbar macht.

Nun aber stellt sich die weitere Frage, ob eine solche ästhetische Erkenntnis, im Sinne einer kunstgeleiteten Reflexion, eine Art Schopenhauerianismus von Kiefers Ruinenästhetik ausmacht. Wo ist der Treffpunkt oder die Schnittmenge zwischen der Prozesshaftigkeit von Kunst und Wirklichkeit? Ist die Ruine die höchste Form der „Objektität des Willens"[79], d.h. der Bewusstwerdung vom illusorischen Charakter des Prozesses, durch den sich die Wirklichkeit konstituiert? Lesen wir Kiefer auf der Folie von Schopenhauer, so lassen sich diese Fragen vielleicht wie folgt beantworten.

Gerade durch die Ruine kann man die Unterscheidung zwischen Kunst und Wirklichkeit als Prozesse fallen lassen. Denn die Ruine zeigt, dass der Anspruch der Kunst, eine eigene Illusion und somit einen eigenen Prozess zu bilden, nicht erfüllt werden kann. So heißt es in einer von Kiefer an der Accademia di Belle Arti di Brera in Mailand gehaltenen *Lectio Magistralis* anlässlich des Empfangens eines künstlerischen Diploms *honoris causa*:

Was sollten wir als Künstler in dieser Welt aus Illusionen tun? Wir versuchen etwas konkreteres als solche Illusionen zu schaffen, etwas, das immer das Risiko beinhaltet, selbst eine Illusion zu sein, wenn auch auf einer anderen, höheren Ebene. Wir sind im Konflikt zwischen der Welt, die der Künstler schaffen möchte, und der Erde, die sich schließt, verwickelt. Das ist die *Lichtung*, von der in Heideggers *Der Ursprung des Kunstwerkes* die Rede ist. Die Geschichte der Kunst und der Dichtung kann als die unendliche Annäherung an das Absolute verstanden werden. Daher ist nicht das an sich geschlossene Kunstwerk, das uns wirklich interessiert, sondern der Weg, der Fluss. Es werden vielleicht die Anderen sein, die eines Tages, durch die Bündelung aller Bemühungen, ein Gesamtkunstwerk erschaffen werden, das imstande sein wird, sich andauernd im Laufe der Jahrhunderte durch die Interpretationen zu ändern.[80]

Kiefers Anspielung auf den bekannten „Streit"[81] zwischen *Welt* und *Erde* in Heideggers *Der Ursprung des Kunstwerkes* dient an der Stelle der Schilderung von zwei sich entgegengesetzten Naturen, die das Dasein des Werkes ausmachen: Seine undurchdringliche Materialität, die *Erde,* welche im Werden und im poietischen Gestus der Künstler*innen ihre Resistenz als zu hinterfragendes Stoffliches übt; Seine Sinnmöglichkeiten, die *Welt,* durch die die Materialität über sich selbst hinaus schießt, indem sie unter anderem als Trägerin von Wissen agieren kann. Das Problem des illusorischen Charakters der Kunst spielt sich also auch auf der Ebene der Auseinandersetzung zwischen Materie und Geist ab.[82] Einer Auseinandersetzung, bei der allerdings die Gegensätze ein beständiges Wechselspiel katalysieren und dabei eine spannungsreiche Zone der Indistinktion herbeirufen. In dieser siedelt sich Kiefers Bilddialektik an, jede Unterscheidung zwischen Wirklichkeit und Illusion der Logik überlassend.

Eine derartige Dialektik - die sich in der Fotoserie *The Shape of Ancient Thought* vielleicht auf das von uns herausgearbeitete Verhältnis zwischen Opazität und Transparenz mittels der Doppelbelichtung bringen lässt - gilt nun als Bewegungsgesetz der Prozesshaftigkeit des Werkes, bei dem aber die Ruine eine wichtige Rolle spielt. Denn die Ruine ist in gewisser Weise die Form, durch welche das Werk seine radikale Autonomie von unseren Interpretationen *in fieri* und von dem am Ende des zuvor zitierten Passus aus Kiefers Mailänder Vorlesung anvisierten „Gesamtkunstwerk" realisiert, das sich seinen Interpretationen endlos anschmiegen wird. Weder die Zertrümmerung oder Zerstörung allein, welche die menschliche Hand immer wieder voraussetzen können, sondern die Ruine, als sämtliche Lebensformen in ihrer Interaktion übergreifender Verfallsprozess, ist die vielleicht prägnanteste Exemplifizierung einer solchen künstlerischen Eigengesetzlichkeit, die sich ostinat produziert und reproduziert - und, in derselben Geste, zerstört.

Andrea Emo, ein Philosoph, in dessen Denken sich Kiefer eingearbeitet hat, schreibt in seinen Tagebüchern eine Reflexion, welche die künstlerische Selbstzerstörung in ihrer Individualität, und somit irreduziblen Selbständigkeit, verortet:

> Die Kunst - ähnlich wie die Individualität, die sie verkörpert - ist ihre Zerstörung und das, was aus der Zerstörung noch übrigbleibt, und zwar alles. Das Alles ist allein ein erhabenes Residuum - die Kunst kann nichts als die Metamorphose ihrer Zerstörung sein - ihre Zerstörung ist ihre Substanz und darum unsterblich - auch in uns, individuellen und lebendigen Seienden, ist die Negation (das Sich-Selbst-Negieren) Substanz - gerade als Individuen sind wir aber dem Tode verurteilt.[83]

Ende der Kunst - und/oder Anfang einer neuen Kunst? Dieses Gerücht nach Hegel[84] konkretisiert sich in Kiefers Werk nicht durch einen Sprung der Kunst ins Nichts, durch den Übergang von der Existenz zur Nicht-Existenz. Das Ende, das sicherlich auch ein Tod *sui generis* ist, ereignet sich vielmehr (ganz im Sinne Hegels) als ein „Hinausgehen der Kunst über sich selbst, doch *innerhalb ihres eigenen Gebiets und in Form der Kunst selbst*“[85]. Die Kunst arbeitet bei Kiefer gerade durch die Ruine über das Gebot der Vollständigkeit hinaus und gegen dieses, ihr Werden gestaltend. Ein Ende also, das nicht aufhört, ein radikal autonomer (Neu-)Anfang zu sein.

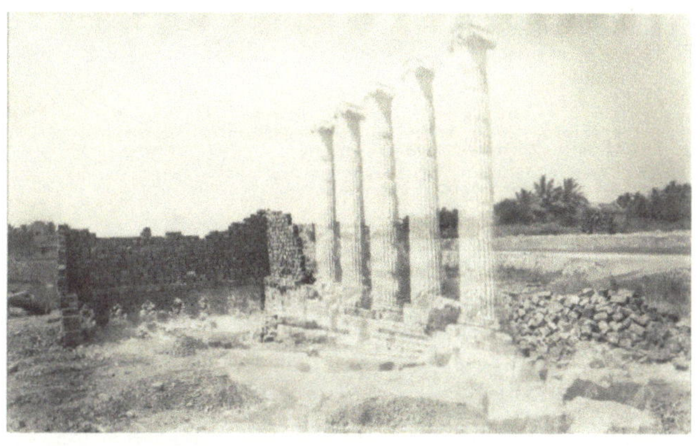

Abbildung 6
Anselm Kiefer, *The Shape of Ancient Thought*
2011
Ensemble von 29 Schwarz-Weiss-Fotografien
64 x 107 cm

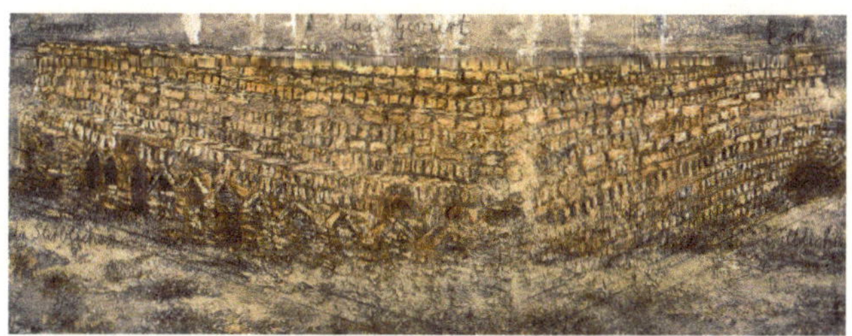


Abbildung 7
Anselm Kiefer, *Das Geviert*
1997
Emulsion, Acryl, Schellack, Ton,
Draht und Sand auf Leinwand
280 x 750 cm

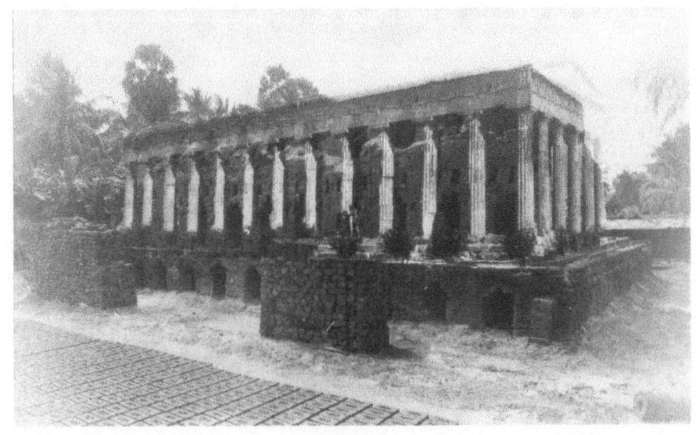

Abbildung 8
Anselm Kiefer, *The Shape of Ancient Thought*
2011
Ensemble von 29 Schwarz-Weiss-Fotografien
64 x 107 cm

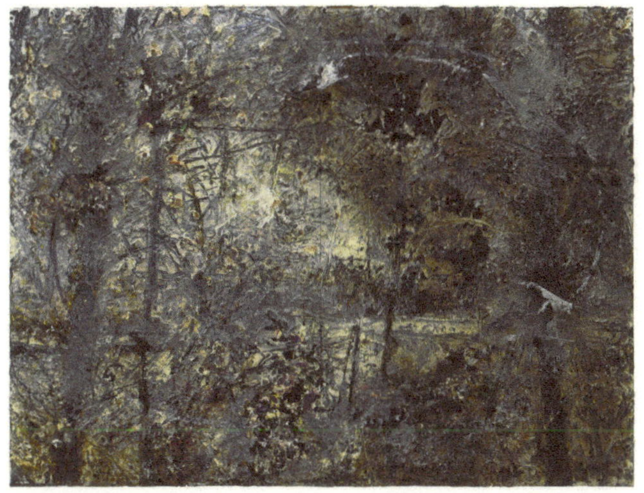

Abbildung 9
Anselm Kiefer, *Für Andrea Emo*
2015–2017
Öl, Emulsion, Acryl, Schellack, Blei,
Metall und Ton auf Leinwand auf Holz
280 x 380 cm

# Anmerkungen

1 „L'arte manifesta l'individualità di tutte le cose; e principalmente dell'uomo stesso, che tanto raramente sa di essere un individuo. Ma per definire un individuo lo si deve definire nel tempo, e anche definire come tempo. Ma, se è tempo, è divenire, essenzialmente." Andrea EMO, *In Principio era l'immagine*, hrsg. von Massimo DONÀ, Romano GASPAROTTI, Raffaella TOFFOLO, Mailand 2019, 61.

2 Umberto ECO, *Das offene Kunstwerk.* Übers. von Günter MEMMERT, Frankfurt a. M. [5]1990 [1962], u.a. 85.

3 Ich benutze hier das Wort in Anlehnung an Whitehead, für den jede Konkretisierung eine „relative, vollständige wirkliche Welt [und] das Datum für eine neue Konkretisierung ist", Alfred N. WHITEHEAD, *Prozess und Realität. Entwurf einer Kosmologie*, hrsg. von Hans G. HOLL, Frankfurt a. M. 2015, 390. Ich werde aber durch Kiefer versuchen, die ästhetische Konkretisierung jenseits des Vervollständigungsgedankens zu artikulieren.

4 Theodor W. ADORNO, *Ästhetische Theorie*, Frankfurt a. M. 1970, 264.

5 Ebenda, 262.

6 Ebenda, 264f.

7 Luca VIGLIALORO, *Die Geste der Kunst. Paradigmen einer Ästhetik*, Bielefeld 2021, 55–64.

8 Jean-Luc NANCY, *Corpus*, Übers. von Nils HODYAS, Timo OBERGÖKER, Berlin–Zürich 2000, 28; vgl. dazu: Kathrin BUSCH, „Exposition und Berührung", in: Emmanuel ALLOA, Thomas BEDORF, Christian GRÜNY (Hg.), *Leiblichkeit. Geschichte und Aktualität eines Konzepts*, Tübingen 2012, 305–319.

9 Tilman ALERT, *Der deutsche Gruß. Geschichte einer unheilvollen Geste,* Frankfurt a. M. [2]2017, 24.

10 Nach Sabine SCHÜTZ, „Das ‚Kiefer-Phänomen'. Zu Werk und Wirkung Anselm Kiefers", in: Eckhart GILLEN (Hg.), *Deutschlandbilder. Kunst aus einem geteilten Land,* Berlin 1997, 585.

11 Cordula MEIER, *Anselm Kiefer. Die Rückkehr des Mythos in der Kunst,* Essen 1992, 19.

12 ALERT, *Der deutsche Gruß,* 7.

13 Martin Winkler rekonstruiert die Mediengeschichte des „saluto romano" in einer lesenswerten Abhandlung: Martin WINKLER, *The Roman Salut. Cinema, History, Ideologie,* Columbus 2009.

14 ALERT, *Der deutsche Gruß,* 76.

15 Ebenda.

16 Martina SAUER, *Faszination - Schrecken. Zur Handlungsrelevanz ästhetischer Erfahrung anhand Anselm Kiefers Deutschlandbilder,* Heidelberg 2018, 125.

17 Mehr zum Thema Transgression in Kiefers Medialisierungen und Darstellungen des Hitlergrußes findet sich im Kapitel 1.3 vorliegender Abhandlung.

18 Ich danke dem Freund und Kollegen RS für einige wichtige Hinweise zum historischen Kontext von Kiefers Aktion.

19 Hans BLUMENBERG, *Die Legitimität der Neuzeit,* Frankfurt a. M. 1988, 541; Dazu Herbert KOPP-OBERSTEBRINK, „Umbesetzung", in: Robert BUCH, Daniel WEIDNER (Hg.), *Blumenberg lesen,* Berlin 2014, 350–364. An der Stelle werde ich zwischen Blumenbergs Begriffen „Umbesetzung" und „Besetzung" keine scharfe Trennung vornehmen, weil ich den rekursiven und unzulänglichen Charakter der Antwort auf geschichtliche Probleme (mit Blumenberg: auf Fragen) zur Sprache kommen lassen möchte. Die präziseste Rekonstruktion der Dialektik zwischen Umbesetzung und Besetzung bzw. Besetzungsverzögerung findet sich in einem kürzlich erschienenen Aufsatz von Christoph PARET, „Lückenbüßer-Philosophie. Hans Blumenberg zwischen ‚Umbesetzung' und Besetzungsverzögerung", in: Hannes BAJOHR, Eva GEULEN (Hg.), *Blumenbergs Verfahren. Neue Zugänge zum Werk,* Göttingen 2022, 269–288.

20 MEIER, *Anselm Kiefer*, 18.

21 Axel HECHT, „Aktuelle Kunst Made in Germany“, in: *Art. Das Kunstmagazin*, Band 6, 1980, 48; Ders.: „Macht der Mythen“, in: *Art. Das Kunstmagazin*, Band 3, 1984, 21.

22 Daniel ARASSE, *Anselm Kiefer*, München 2007, 31 und 35. Arasse macht in seiner Studie darauf aufmerksam, dass die Ambivalenz der Bilder nach Aussage des Künstlers das Hauptmerkmal seiner Kunst darstellt.

23 Dominique Baqué unterstreicht, dass Kiefer schon zu der Generation der deutschen Staatsbürger gehört, welche den Zweiten Weltkrieg natürlich nur indirekt und daher „intuitiv“ haben verstehen können: „Kiefer belonged to what is often called the ‚second generation‘ of Germans, who have no direct memory of what happened during the Second World War, but only know it vaguely and intuitively through casual remarks, failed confessions, and missing images [...].“ Dominique BAQUÉ, *Anselm Kiefer. A Monograph*, London 2015, 33. Damit soll die Tatsache zum Ausdruck gebracht werden, dass Kiefers Werk auch eine solche historisch-mentale Distanz zur NS-Zeit künstlerisch sichtbar macht.

24 Vgl. HECHT, *Aktuelle Kunst*, 51f.; SCHÜTZ, *Das ‚Kiefer-Phänomen‘*, 585.

25 Tobias SCHLECHTRIEMEN, „Konstitutionsprozesse Heroischer Figuren“, in: *compendium heroicum*, 07. Juni 2018, https://www.compendium-heroicum.de/lemma/konstitutionsprozesse-heroischer-figuren/ (letzter Zugriff am 25.08.2023).

26 Hier als mehrdeutige Simulation, vgl. Cornelia KLETTKE, *Simulakrum Schrift*, München 2001, 15–46.

27 Rolf VON DER HOFF u.a, „Imitatio heroica“, in: *compendium heroicum*, 9. Oktober 2018, 1–17, online: https://www.compendium-heroicum.de/lemma/imitatio-heroica/ (letzter Zugriff am 25.08.2023).

28 Andreas GELZ, „Deheroisierung“, in: *compendium heroicum.*, 4. März 2019, 2f., online: https://www.compendium-heroicum.de/lemma/deheroisierung, (letzter Zugriff am 25.08.2023).

29 Bei Martina Sauer heißt es in Bezug auf eine weitere Variante des intermedialen Bezugs Kiefers auf Friedrich: „So

steht vergleichbar dem Wanderer über dem Nebelmeer Caspar David Friedrichs von 1818 Kiefer als Rückenfigur mit Hitler-Gruß zum Meer [...]. Bemerkenswerterweise knüpft Kiefer damit zugleich an die romantische Idee an, wonach der Künstler oder wir selbst, für die Kiefer stellvertretend eintritt, in eine Position versetzt werden, sich selbst erhaben über die Gewalt der Natur und damit über die eigene Vergänglichkeit zu empfinden." SAUER, *Faszination - Schrecken,* 127. Vgl. dazu auch Nina HINRICHS, *Caspar David Friedrichs - ein deutscher Künstler des Nordens,* Kiel 2011, 56-61.

30 Werner SPIES, „Laudatio", in: *Anselm Kiefer. Aussprachen aus Anlass der Verleihung vom Friedenspreis des Deutschen Buchhandels,* Frankfurt a. M. 2008, 43.

31 HECHT, *Die Macht,* 32.

32 Thomas KIRCHNER, „Historienbild", in: Uwe FLECKNER, Martin WARNKE, Hendrik ZIEGLER (Hg.), *Handbuch der politischen Ikonographie,* Band 1, München [2]2011, 509-512.

33 Hans BLUMENBERG, *Arbeit am Mythos,* Frankfurt a. M. 1979, 269; Dazu PARET, *Lückenbüßer-Philosophie,* 274.

34 Claude LEVI-STRAUSS, *Mythologiques I. Le cru et le cuit,* Paris 1964, 20.

35 Hans BLUMENBERG, „Wirklichkeitsbegriff und Wirkungspotential des Mythos" (1971), in: Ders., *Ästhetische und metaphorologische Schriften,* hrsg. von Anselm HAVERKAMP, Frankfurt a. M. 2001, 383.

36 Philippe LACOUE-LABARTHE, Jean-Luc NANCY, *Le Mythe Nazi,* Paris 1998, 21.

37 Gottfried BOEHM, „Mythos als bildnerischer Prozess", in: Karl Heinz BOHRER (Hg.), *Mythos und Moderne. Begriff und Bild einer Rekonstruktion,* Frankfurt a. M. 1983, 530.

38 So heißt es in Kiefers Dankesrede anlässlich der Verleihung des Friedenspreises des Deutschen Buchhandels: „Das vergegenständlichte Bild, das fertig geglaubte, kann wieder in den Zustand der Materie, des dunklen Augenblicks zurückfallen. Und der Prozess beginnt von Neuem." Anselm KIEFER, „Dankesrede", in: *Anselm Kiefer. Aussprachen,* 72.

39 Vilèm FLUSSER, *Gesten. Versuch einer Phänomenologie,* Düsseldorf 1991, 99.
40 Georges BATAILLE, *Die Erotik,* übers. von Gerd BERGFLETH, München, 1994, 63.
41 Auch Thomas Macho stellt einen Vergleich zwischen Kiefers *Heroischen Sinnbildern* und Warburgs Bilderatlas *Mnemosyne* an, indem er folgende, für unsere Untersuchung auch wichtige Frage formuliert: „Folgt auch nicht Kiefers Lebenswerk - spätestens seit den ‚Besetzungen' und ‚heroischen Sinnbildern' - einem Imperativ der Erinnerung, der sich jeder Lust am Vergessen kategorisch widersetzt?", Thomas MACHO, *Vorbilder,* München 2011, 106.
42 Giorgio AGAMBEN, *Mittel ohne Zweck. Noten zur Politik,* übers. von Sabine SCHULZ, Berlin 2006, 51.
43 Aby WARBURG, *Werke,* hrsg. und kommentiert von Martin TREML, Sigrid WEIGEL, Perdita LADWIG, Frankfurt a. M. 2010, 629.
44 Hier konvergiert meine Interpretation mit jener Christian Bauers, vgl. Ders., *Sacrificium intellectus. Das Opfer des Verstandes in der Kunst von Karlheinz Stockhausen, Botho Strauß und Anselm Kiefer,* München 2008, 144.
45 Peter TRAWNY, *Hitler, die Philosophie und der Hass. Anmerkungen zum identitätspolitischen Diskurs,* Berlin 2022, 13f.
46 Anselm KIEFER, *The Shape of Ancient Thought,* Berlin 2013.
47 Die vollständige Titelangabe lautet wie folgt: Thomas MCEVILLEY, *The Shape of Ancient Thought: Comparative Studies in Greek and Indian Philosophies,* New York 2002.
48 Anselm KIEFER, Peter TOKOFSKY, Timothy POTTS, *Gespräch über The Shape of Ancient Thought,* https://www.youtube.com/watch?v=3lwuFq5_6c0 (letzter Zugriff am 25.08.2023).
49 Vgl. ebenda. Min: ca. 6:40-7:15.
50 Ebenda, Min. 7:54-7:56.
51 Ebenda, Min. ca. 9:00-10:00.
52 Zum allegorischen Charakter von *Das Geviert* vgl. Hartmut BÖHME, „‚Mit einem Steingefühl, alterslos'. Anselm Kiefers Zyklus für Ingeborg Bachmann", in: *Neue Zürcher Zeitung* 128, 06.06.1998, 65-66.

53 MCEVILLEY, *The Shape of Ancient Thought,* 90.
54 KIEFER u.a., *Gespräch,* Min. ca. 15:00–17:00.
55 Dieter MERSCH, *Epistemologien des Ästhetischen,* Berlin-Zürich 2015, 16.
56 ADORNO, *Ästhetische Theorie,* 15.
57 Georg SIMMEL, „Die Ruine", in: Ders., *Jenseits der Schönheit. Schriften zur Ästhetik und Kunstphilosophie,* ausgewählt und mit einem Nachwort von Ingo MEYER, Frankfurt a. M. 2008, 39f.
58 Jean-Luc NANCY, *Der Sinn der Welt,* übers. von Esther VON DER OSTEN, Berlin-Zürich 2014, 23 (Hervorhebungen im Original).
59 Walter BENJAMIN, *Passagen-Werk,* in: Ders., *Gesammelte Schriften,* Band 5.1, hrsg. von Rolf TIEDEMANN, Frankfurt a. M. 1991, 577.
60 Hartmut BÖHME, „Ästhetik der Ruinen", in: Dietmar KAMPER und Christoph WULF (Hg.), *Der Schein des Schönen,* Göttingen 1989, 287–304.
61 Friedrich NIETZSCHE, *Die fröhliche Wissenschaft* („la *gaya scienza*") [1882/87], in: Ders., *Sämtliche Werke. Kritische Studienausgabe in 15 Einzelbänden,* hrsg. von Giorgio COLLI, Mazzino MONTINARI, München-Berlin-New York 1999, 464f.
62 Hinsichtlich des explorativen Charakters der Kunst habe ich mich an der Stelle mit Ludger SCHWARTES, *Notate für eine künftige Kunst,* Berlin 2016, 52f. auseinandergesetzt.
63 Werner Spies schreibt diesbezüglich, dass Kiefer „den Mehrwert [...] des Kaputten" als bewusste künstlerische Strategie nutzt: Werner SPIES, „Erinnerungsorte", in: *Anselm Kiefer,* Künzelsau 2004, 14. Damit geht aber aus unserer Sicht Kiefers Ästhetik über eine Apologie des Unfertigen hinaus, indem die Ruine als expressives Medium und nicht als Symbol eingesetzt wird. Zur Ruine als Sinnbild des Unfertigen, was für die vorliegende Untersuchung nicht primär ist, vgl. die wichtige Studie von Bazon BROCK, „Ruine als Form der Vermittlung von Fragment und Totalität", in: Lucien DÄLLENBACH und Christiaan L. HART-NIBBRIG (Hg.), *Fragment und Totalität,* Frankfurt a. M. 1983, 124f.

64 Anselm KIEFER, *Notizbücher*, Band 1 (1998-1999), Frankfurt a. M. 2011, 223, vgl. auch u.a. 96 und 243 zum Bild der Ziegelfabrik bzw. der Ziegel.

65 Anselm KIEFER, *Anselm Kiefer: Die Kunst geht knapp nicht unter. Vorlesungen am Collège de France*, München 2020, 19.

66 Anselm KIEFER, *L'art survivra à ses ruines*, Paris 2013, 22.

67 Dazu vgl. Massimo DONÀ, „Incomprensibile come la pietra. In vertiginosa prossimità: Andrea Emo e Anselm Kiefer", in: Gabriella BELLI, Janne SIRÉN (Hg.), *Anselm Kiefer. Palazzo Ducale. Venice*, Venedig 2022, 76-83.

68 NANCY, *Corpus*, 63ff.

69 KIEFER, *Die Kunst*, 18.

70 KIEFER, *L'art*, 22.

71 ADORNO, *Ästhetische Theorie*, 60.

72 Ebenda, 14.

73 Walter BENJAMIN, „Kleine Geschichte der Photographie" (1931), in: Ders., *Gesammelte Schriften*, hrsg. von Rolf TIEDEMANN, Hermann SCHWEPPENHÄUSER, Band 2.1, Frankfurt a. M. 1991, 378.

74 Clement GREENBERG, *Die Krise des Staffelbildes*, in: Ders., *Die Essenz der Moderne. Ausgewählte Essays*, Dresden 1997, 149.

75 KIEFER u.a., *Gespräch*, Min. ca. 10:12-10:30.

76 KIEFER u.a., *Gespräch*, Min. ca. 11:40-13:15.

77 Vgl. MCEVILLEY, *The Shape*, 430f.

78 So heißt es in der dichten Argumentation von Donatien Grau: „Il serait juste de dire qu'il n'y a pas quelque chose comme un ‚espace' dans son oeuvre, une facon fixee de percevoir et de traiter les lieux. Ou s'il y a en a un, s'il existe bien une forme de presentation de ses oeuvres, elle n'est que dans le devenir : le ‚display' en soi peut apparaitre comme un chantier, le chantier ou se construit l'espace en lui-meme palimpsestueux de sa creation. En ce sens, il y aurait un lien entre les differents moments topographiques de son oeuvre : chacun serait une etape de ce chantier erratique et metaphorique qu'est son parcours d'artiste." Donatien GRAU, „Anselm Kiefer. L'espace et la ruine", in: *Ligeia* 2, Band 101-104, 2010, 207.

79 Arthur SCHOPENHAUER, *Die Welt als Wille und Vorstellung* (1816), in: Ders., *Sämtliche Werke*, Band 1, hrsg. von

Wolfgang Frh. VON LÖHNEYSEN, Stuttgart-Frankfurt a. M. [3]1987, 158.

80 „Cosa dovremmo fare, in quanto artisti, in questo mondo di illusioni? Cerchiamo di creare qualcosa di più concreto di tali illusioni, qualche cosa che comporta sempre il rischio di essere un'illusione essa stessa ma a un livello diverso, più alto. Siamo coinvolti nel conflitto tra il mondo che l'artista vuole realizzare e la terra che si rinchiude. È questa *Lichtung*, la radura nel bosco di cui Heidegger parla nel suo saggio *L'origine dell'opera d'arte*. La storia dell'arte e della poesia può essere intesa come un infinito approccio all'assoluto. Così non è l'opera conclusa quella che ci interessa davvero, bensì il percorso, il flusso. Saranno altri un giorno, mettendo insieme tutti gli sforzi, a creare un'opera d'arte totale che saprà cambiare continuamente nel corso dei secoli attraverso le diverse interpretazioni." Anselm KIEFER, „Lectio Magistralis", in: Emilio Carlo CORRIERO, Danilo ECCHER, Federico VERCELLONE (Hg.), *Anselm Kiefer*, Turin 2022, 34f.

81 Martin HEIDERGGER, *Der Ursprung des Kunstwerkes* (1935/36), in: Ders., *Holzwege*, Frankfurt a. M. 1977, 35.

82 Hier baue ich meine Argumentation in Anlehnung an die vielleicht umfassendste Studie zur künstlerischen Ruine bei Kiefer auf, und zwar jene von Ishaghpour: „C'est de l'essence de l'œuvre d'art d'être matériel et spirituel à la fois dans une relation réciproque, et que chacun devienne l'autre. Mais le „tout" étant maintenant, de plus en plus, indéterminé et indéterminable, et les médiations de plus en plus ténures et problématiques, chacun de ses termes - le matériel et le spirituel -, dans sa différence radicale extrême, tend à s'émanciper de l'autre et même à s'y opposer. " Youssef ISHAGHPOUR, *Kiefer. La Ruine, au commencement. Image, mythe et matière*, Paris 2021,104.

83 „L'arte, come l'individualità di cui è manifestazione, è il suo distruggersi ed è ciò che resta di questa distruzione, cioè tutto. Il tutto è soltanto un sublime residuo - l'arte non può essere che la metamorfosi del suo distruggersi - il suo distruggersi è la sua sostanza e perciò è immortale - anche in noi esseri individuali e viventi la negazione (il negarsi) è sostanza - ma appunto perché individui siamo

condannati a morte.“ Andrea EMO, *Supremazia e maledizione. Diario filosofico 1973*, hrsg. von Massimo DONÀ, Romano GASPAROTTI, Mailand 1998, 71 (Übersetzung von mir).

84 Eva GEULEN, *Das Ende der Kunst. Lesarten eines Gerüchts nach Hegel*, Frankfurt a. M. 2002, 19.

85 Georg F. W. HEGEL, *Vorlesungen über die Ästhetik I*, in: Ders., *Werke*, Band 13, Frankfurt a. M. 1986, 112. Zu diesem wichtigen und viel diskutierten Thema in Hegels Ästhetik gehe ich vom einleuchtenden Aufsatz von Klaus VIEWEG aus, vgl. ders., „Die romantische Kunst als Anfang freier Kunst - Hegel über das Ende der Kunst“, in: Ders., Francesca IANNELLI, Federico VERCELLONE (Hg.), *Das Ende der Kunst als Anfang freier Kunst*, Paderborn 2015, 15-31, besonders 23f.

# Literaturverzeichnis


ADORNO, Theodor W., *Ästhetische Theorie,* Frankfurt a. M. 1970.

AGAMBEN, Giorgio, *Mittel ohne Zweck. Noten zur Politik,* übers. von Sabine SCHULZ, Berlin 2006.

ALERT, Tilman, *Der deutsche Gruß. Geschichte einer unheilvollen Geste,* Frankfurt a. M. [2]2017.

ARASSE, Daniel, *Anselm Kiefer,* München 2007.

BAQUÉ, Dominique, *Anselm Kiefer. A Monograph,* London 2015.

BATAILLE, Georges, *Die Erotik,* übers. von Gerd BERGFLETH, München 1994.

BAUER, Christian, *Sacrificium intellectus. Das Opfer des Verstandes in der Kunst von Karlheinz Stockhausen, Botho Strauß und Anselm Kiefer,* München 2008.

BENJAMIN, Walter, „Kleine Geschichte der Photographie" (1931), in: Ders., *Gesammelte Schriften,* hrsg. von Rolf TIEDEMANN, Hermann SCHWEPPENHÄUSER, Band 2.1, Frankfurt a. M. 1991, 368-385.

BENJAMIN, Walter, *Passagen-Werk,* in: Ders., *Gesammelte Schriften.* Band 5.1, hrsg. von Rolf TIEDEMANN, Frankfurt a. M. 1991, 9-1063.

BLUMENBERG, Hans, *Arbeit am Mythos,* Frankfurt a. M. 1979.

BLUMENBERG, Hans, *Die Legitimität der Neuzeit,* Frankfurt a. M. 1988.

BLUMENBERG, Hans, „Wirklichkeitsbegriff und Wirkungspotential des Mythos" (1971), in: Ders., *Ästhetische und metaphorologische Schriften,* hrsg. von Anselm HAVERKAMP, Frankfurt a. M. 2001, 327-405.

BOEHM, Gottfried, „Mythos als bildnerischer Prozess", in: Karl Heinz BOHRER (Hg.), *Mythos und Moderne. Begriff und Bild einer Rekonstruktion,* Frankfurt a. M. 1983, 528-544.

BÖHME, Hartmut, „,Mit einem Steingefühl, alterslos'. Anselm Kiefers Zyklus für Ingeborg Bachmann", in: *Neue Zürcher Zeitung,* Band 128, 06.06.1998, 65-66.

BÖHME, Hartmut, „Ästhetik der Ruinen", in: Dietmar KAMPER, Christoph WULF (Hg.), *Der Schein des Schönen,* Göttingen 1989, 287-304.

BROCK, Bazon, „Ruine als Form der Vermittlung von Fragment und Totalität", in: Lucien DÄLLENBACH, Christiaan L. HART-NIBBRIG (Hg.), *Fragment und Totalität,* Frankfurt a. M. 1983, 124-140.

BUSCH, Kathrin, „Exposition und Berührung", in: Emmanuel ALLOA, Thomas BEDORF, Christian GRÜNY (Hg.), *Leiblichkeit. Geschichte und Aktualität eines Konzepts,* Tübingen 2012, 305-319.

CORRIERO, Emilio Carlo, ECCHER, Danilo, VERCELLONE, Federico (Hg.), *Anselm Kiefer,* Turin 2022.

DONÀ, Massimo, „Incomprensibile come la pietra. In vertiginosa prossimità: Andrea Emo e Anselm Kiefer", in: Gabriella BELLI, Janne SIRÉN (Hg.), *Anselm Kiefer. Palazzo Ducale. Venice,* Venedig 2022, 71-91.

ECO, Umberto, *Das offene Kunstwerk,* übers. von Günter MEMMERT, Frankfurt a. M. [5]1990 [1962].

EMO, Andrea, *Supremazia e maledizione. Diario filosofico 1973,* hrsg. von Massimo DONÀ, Romano GASPAROTTI, Mailand 1998.

EMO, Andrea, *In Principio era l'immagine,* hrsg. von Massimo DONÀ, Romano GASPAROTTI, Raffaella TOFFOLO, Mailand 2019.

FLUSSER, Vilèm: *Gesten. Versuch einer Phänomenologie,* Düsseldorf 1991.

GEULEN, Eva, *Das Ende der Kunst. Lesarten eines Gerüchts nach Hegel,* Frankfurt a. M. 2002.

GRAU, Donatien, „Anselm Kiefer. L'espace et la ruine", in: *Ligeia* 2, 101-104, 2010/2, 206-212.

GREENBERG, Clement, „Die Krise des Staffelbildes", in: Ders., *Die Essenz der Moderne. Ausgewählte Essays,* Dresden 1997, 149-155.

HECHT, Axel, „Aktuelle Kunst Made in Germany", in: *Art. Das Kunstmagazin* 6, 1980, 40-52.

HECHT, Axel, „Macht der Mythen", in: *Art. Das Kunstmagazin* 3, 1984, 20-33.

HEGEL, Georg W. F., *Vorlesungen über die Ästhetik I,* in: Ders., *Werke,* Band 13, Frankfurt a. M. 1986.

HEIDEGGER, Martin, *Holzwege,* Frankfurt a. M. 1977.

HINRICHS, Nina, *Caspar David Friedrichs - ein deutscher Künstler des Nordens,* Kiel 2011.

ISHAGHPOUR, Youssef, *Kiefer. La Ruine, au commencement. Image, mythe et matière,* Paris 2021.

KIEFER, Anselm, *Heroische Sinnbilder,* München 2008.

KIEFER, Anselm, „Dankesrede", in: *Anselm Kiefer. Aussprachen aus Anlass der Verleihung vom Friedenspreis des Deutschen Buchhandels,* Frankfurt a. M. 2008, 59-72.

KIEFER, Anselm, *Notizbücher,* Band 1 (1998-1999), Frankfurt a. M. 2011.

KIEFER, Anselm, *L'art survivra à ses ruines,* Paris 2013.

KIEFER, Anselm, *The Shape of Ancient Thought,* Berlin 2013.

KIEFER, Anselm, *Die Kunst geht knapp nicht unter. Vorlesungen am Collège de France,* München 2020.

KIRCHNER, Thomas, *Historienbild,* in: Uwe FLECKNER, Martin WARNKE, Hendrik ZIEGLER (Hg.), *Handbuch der politischen Ikonographie,* Band 1, München [2]2011, 505-512.

KOPP-OBERSTEBRINK, Herbert, „Umbesetzung". In: Robert BUCH, Daniel WEIDNER (Hg.), *Blumenberg lesen,* Berlin 2014, 350-362.

KLETTKE, Cornelia, *Simulakrum Schrift,* München 2001.

LACOUE-LABARTHE, Philippe und NANCY, Jean-Luc, *Le Mythe Nazi*, Paris 1998.
LEVI-STRAUSS, Claude, *Mythologiques I. Le cru et le cuit*, Paris 1964.

MACHO, Thomas, *Vorbilder*, München 2011.
MCEVILLEY, Thomas, *The Shape of Ancient Thought: Comparative Studies in Greek and Indian Philosophies*, New York 2002.
MEIER, Cordula, *Anselm Kiefer. Die Rückkehr des Mythos in der Kunst*, Essen 1992.
MERSCH, Dieter, *Epistemologien des Ästhetischen*, Berlin-Zürich 2015.

NANCY, Jean-Luc, *Corpus*, übers. von Nils HODYAS, Timo OBERGÖKER, Berlin-Zürich 2000.
NANCY, Jean-Luc, *Der Sinn der Welt*, übers. von Esther VON DER OSTEN, Berlin-Zürich 2014.
NIETZSCHE, Friedrich, *Die fröhliche Wissenschaft* („*la gaya scienza*") (1882/87), in: Ders., *Sämtliche Werke. Kritische Studienausgabe in 15 Einzelbänden*, hrsg. von Giorgio COLLI, Mazzino MONTINARI, München-Berlin-New York 1999, 343-651.

PARET, Christoph, „Lückenbüßer-Philosophie. Hans Blumenberg zwischen ‚Umbesetzung' und Besetzungsverzögerung", in: Hannes BAJOHR, Eva GEULEN (Hg.), *Blumenbergs Verfahren. Neue Zugänge zum Werk*, Göttingen 2022, 269-288.

SAUER, Martina, *Faszination - Schrecken. Zur Handlungsrelevanz ästhetischer Erfahrung anhand Anselm Kiefers Deutschlandbilder*, Heidelberg 2018.
SCHOPENHAUER, Arthur, *Die Welt als Wille und Vorstellung* (1816), in: Ders., *Sämtliche Werke*, Band 1, hrsg. von Wolfgang Frh. VON LÖHNEYSEN, Stuttgart-Frankfurt a. M. [3]1987 [1816].
SCHÜTZ, Sabine, „Das ‚Kiefer-Phänomen'. Zu Werk und Wirkung Anselm Kiefers", in: Eckhart GILLEN (Hg.), *Deutschlandbilder. Kunst aus einem geteilten Land*, Berlin 1997, 585.

SCHWARTE, Ludger, *Notate für eine künftige Kunst,* Berlin 2016.

SIMMEL, Georg, „Die Ruine", in: Ders., *Jenseits der Schönheit. Schriften zur Ästhetik und Kunstphilosophie,* ausgewählt und mit einem Nachwort von Ingo MEYER, Frankfurt a. M. 2008, 34-41.

SPIES, Werner, „Erinnerungsorte", in: *Anselm Kiefer,* Künzelsau, 2004, 13-22.

SPIES, Werner, „Laudatio", in: *Anselm Kiefer. Aussprachen aus Anlass der Verleihung vom Friedenspreis des Deutschen Buchhandels,* Frankfurt a. M. 2008, 31-44.

TRAWNY, Peter, *Hitler, die Philosophie und der Hass. Anmerkungen zum identitätspolitischen Diskurs,* Berlin 2022.

VIEWEG, Klaus, „Die romantische Kunst als Anfang freier Kunst - Hegel über das Ende der Kunst", in: Ders., Francesca IANNELLI, Federico VERCELLONE (Hg.), *Das Ende der Kunst als Anfang freier Kunst,* Paderborn 2015, 15-31.

VIGLIALORO, Luca, *Die Geste der Kunst. Paradigmen einer Ästhetik,* Bielefeld 2021.

WARBURG, Aby, *Werke,* hrsg. und kommentiert von Martin TREML, Sigrid WEIGEL, Perdita LADWIG., Frankfurt a. M. 2010.

WHITEHEAD, Alfred N., *Prozess und Realität. Entwurf einer Kosmologie,* hrsg. von Hans G. HOLL, Frankfurt a. M. 2015.

WINKLER, Martin, *The Roman Salut. Cinema, History, Ideologie,* Columbus 2009.

# Onlinequellen

GELZ, Andreas, *Deheroisierung*, in: *compendium heroicum*, 4. März 2019, https://www.compendium-heroicum.de/lemma/deheroisierung (letzter Zugriff am 25.08.2023).

KIEFER, Anselm, TOKOFSKY, Peter und POTTS, Timothy, *Gespräch über The Shape of Ancient Thought*, https://www.youtube.com/watch?v=3lwuFq5_6c0 (letzter Zugriff am 25.08.2023).

SCHLECHTRIEMEN, Tobias, *Konstitutionsprozesse Heroischer Figuren*, in: *compendium heroicum*, 7. Juni 2018, https://www.compendium-heroicum.de/lemma/konstitutionsprozesse-heroischer-figuren/ (letzter Zugriff am 25.08.2023).

VON DER HOFF, Rolf u.a., *Imitatio heroica*, in: *compendium heroicum*, 9. Oktober 2018, https://www.compendium-heroicum.de/lemma/imitatio-heroica/ (letzter Zugriff am 25.08.2023).

# Abbildungsverzeichnis



Ein besonderer Dank geht an die Kunststiftung Eschaton, welche die Lizenzierung der Bilder Kiefers veranlasst hat.

# Index nominum

*Passagen forum*

Jacques Rancière

# Zeit der Landschaft

## Die Anfänge der ästhetischen Revolution

Im Jahre 1790 erhob Immanuel Kant die Gartenkunst in den Rang der schönen Künste. Im selben Jahr erblickte William Wordsworth in der französischen Landschaft die Zeichen der künftigen Freiheit und Gleichheit des Menschen, während Edmund Burke den Revolutionären vorwarf, sie zwängen der Gesellschaft die steife, autoritäre Ordnung der französischen Gärten auf. Jacques Rancière zeigt uns, dass die Landschaft mehr ist als ein beeindruckendes Schauspiel für das Auge oder die Seele. Er geht den ästhetischen Debatten und Kontroversen nach, die im Laufe des 18. Jahrhunderts zu einer radikalen Veränderung des Kunstbegriffs und der Kriterien des Schönen geführt haben. Dabei wird deutlich, dass diese Revolution nicht nur die Normen der Kunst und der Gesellschaft betrifft, sondern auch die Formen der sinnlichen Erfahrung selbst.

*Passagen forum*

Geoffroy de Lagasnerie

# Die unmögliche Kunst

Was Geoffroy de Lagasnerie bereits in *Das politische Bewusstsein* begann, setzt er in *Die unmögliche Kunst* fort – nämlich die Entwicklung einer umfassenden oppositionellen Praxis. Nach der politischen Theorie nimmt der Autor nun die Kunst ins Visier: ein sakrosanktes Gut, dem unsere Gesellschaft nahezu einstimmig einen bedingungslosen Wert beimisst – doch zurecht? Lagasnerie prangert die Selbstgefälligkeit der zeitgenössischen Kulturszene an und zeigt, dass selbst jene Kunst, die sich als apolitisch oder gar als subversiv versteht, zur Perpetuierung von Herrschaftssystemen und Ausgrenzungsmechanismen beiträgt. Was also macht eine wahrhaft oppositionelle Kunst aus? Wie können Kunstschaffende mit ihren Werken destabilisierende Effekte erzielen? In Antwort auf diese Fragen entwirft Lagasnerie die Leitlinien einer Ethik des künstlerischen Schaffens und plädiert dabei leidenschaftlich für eine politisch wie sozial engagierte Kunst.

*Passagen Philosophie*

Christopher A. Nixon

# Den Blick erwidern

## Epiphanie und Ästhetik postkolonial

Menschen in ihrem unverfügbaren Anderssein anzuerkennen, bedeutet, zu begehren und die Grenzen unseres Verstehens zu akzeptieren. Dazu befähigen uns ästhetische Objekte, denn sie bleiben etwas Rätselhaftes, dem mit Worten nicht beizukommen ist. Sie erschüttern.

*Den Blick erwidern* erneuert die im philosophischen Gegenwartsdiskurs vernachlässigte Ästhetik als die genuine Disziplin von Kunst, Gesellschaft und Politik. Anhand des zentralen Begriffes der Epiphanie zeigt diese interdisziplinäre Arbeit, dass ästhetische Objekte, die erschüttern, eine anerkennende Form des Verstehens und eine Haltung ermöglichen, die eine vielfältige solidarische Gesellschaft begründen kann. Die durch Migration und Flucht geprägte postkoloniale Welt benötigt im besonderen Maße transformative ästhetische Erfahrungen, wenn eine bessere Welt und Praxis kein Traum bleiben sollen.